내 인생의
방향을 알려주는
책속의 처방전 200

내 인생의 방향을 알려주는 책속의 처방전 200

최영환 펴냄

RITEC CONTENTS

CONTENTS

증상 3 무기력과 의욕 상실

증상 4 밤마다 찾아오는 고민

증상 5 변화에 대한 어려움

증상 6 성공에 대한 욕망

증상 7 건강 염려증

증상 8 소확행을 원하는 당신에게

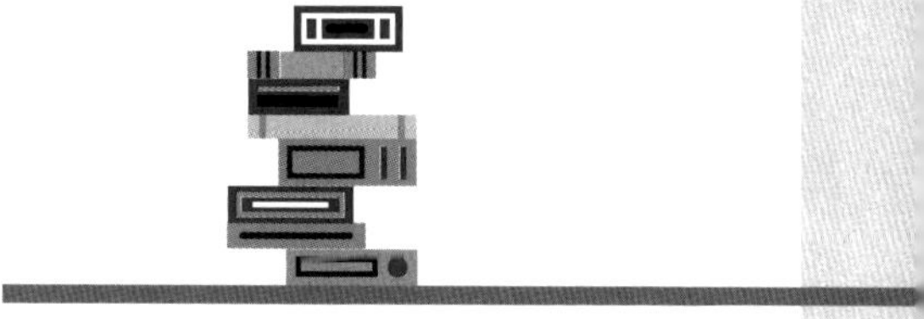

프롤로그

마음을 토닥이는 책속의 명언들

마음을 토닥여주는 친구가 있습니까?

저의 변함없는 친구는 바로 책입니다.

인생의 큰 변화를 겪은 30대 후반부터 1년 100권, 10년 독서를 시작해 벌써 20년이 되었습니다. 수많은 책을 읽으면서 가장 도움이 되었던 것은 마음의 치유였습니다. 어렵고 힘들고 상처받고 아픈 마음을 달래주는 유일한 친구가 책이었던 것입니다. 책을 많이 읽다보니 놀랍게도 그 시점의 고민에 대한 해답이나 위로가 담긴 책을 만날 수 있었습니다. 문제를 해결하기도 하고 마음의 치유를 받기도 한 것입니다.

사람들은 살아가면서 많은 인생의 고민과 번뇌를 갖습니다. 또한 삶이란 태어나서 죽을 때까지 고통의 연속인 것 같습니다. 이는 저뿐만이 아니라 주변 가족들과 지인들도 비슷하게 괴로워하고 있는 부분이었습니다. 그런 그들에게, 적지 않은 삶을 살아온 저의 경험과 수십 년 전부터 읽어온 책 속의 명언들을 바탕으로 조언을 해 주었습니다.

그리고 많은 상담 속에서 모두의 고민들도 비슷하다는 것을 알게 되었습니다. 그래서 그런 모든 고민의 증상들을 여덟 가지로 분류하고 그에 대한 해답을 책속의 처방전 200개로 담아냈습니다.

생활의 지혜는 인터넷으로 얻을 수 있지만 인생의 지혜는 책을 통해 얻을 수 있습니다. 한 권의 책으로 모든 지혜를 얻을 수는 없습니다. 하지만 수많은 책의 지혜를 모은 책으로는 많은 지혜를 얻을 수 있습니다. 이 책에 20여 년 2000권의 독서를 통해 얻은 삶의 통찰의 지혜를 담았습니다. 해당 고민의 증상을 겪고 있어 더 상세하고 뜻 깊은 처방을 얻고 싶은 독자들은 해당되는 꼭지의 책을 찾아 읽어보시길 바랍니다.

아울러 어려울 때 힘이 되고, 힘들고 아플 때 마음을 토닥여주는 친구가 되고자 합니다.

감사합니다.

북테라피스트 최영환

증상 1

미래에 대한 두려움

우리는 앞을 보고 살아갑니다. 하지만 미래를 내다볼 방법은 없습니다. 어떤 행운이 찾아올지, 어떤 불행이 닥칠지 아무도 모르는 법입니다. 하지만 인간은 자신에게 주어진 상황을 그저 수동적으로 감수하기만 하는 존재가 아닙니다.

운명은 주어지는 것이 아니라 각자 스스로 선택하는 것입니다. 비록 그것이 불가피한 재해였다고 해도 그 재해에 어떻게 맞설지는 스스로 선택해야만 합니다. 그 선택이 두려운 당신에게, 용기의 씨앗을 심어드리고자 합니다.

1-1

갈팡질팡하는 기분이 들 땐

미국의 슈워츠(Barry Schwartz)와 다른 행동경제학자들의 연구 결과, 선택 대안이 많아질수록 선택에 대한 만족도가 떨어지거나 아예 선택을 하지 않게 된다고 합니다.

요즘 우리는 너무나 많은 갈림길을 두고 혼란스러워 합니다. 혹은 길을 잃고 헤매고 있지요. 너무 많은 선택지는 때로 인생의 난제를 만듭니다. 우리는 어떻게 길을 찾아야 할까요?

처방전 001 방향성을 잡아라

미래에 대한 희망이 없는 사람은 일을 떠안지 않고 살 수 있지 않을까요? 그렇지 않습니다. 희망이 없다는 것은 상당히 만족스러운 현재를 살고 있든지, 인생의 지침이나 방향성을 찾을 수 없거나 다양하든지 어느 한쪽의 상태입니다. 전자는 괜찮지만 후자라면 많을 일을 떠안을 수 있습니다. 방향성이 명쾌한 사람에는 적절한 업무가 모이지만, 방향성이 지나치게 다양한 사람에게는 잡일이 모이기 때문입니다.

–후지요시 타쓰조, 〈중요한 것만 남기고 버려라〉 중에서

인생에 방향이 너무 많은 것이 원인. 한 방향을 제대로 가고 있다면, 잠시 길을 잃어도 다시 자신의 길로 돌아올 수 있다. 하지만 인생의 방향을 이리저리 바꾸게 되면 잡일이 많아진다. 자신이 진정으로 원하는 목표를 향해 한 방향으로 나아갈 것.

처방전 002 길을 만들어라

변호사로 일을 시작한 첫 해에 나는 카르타고의 장군이었던 한니발의 말, "길을 찾아내지 못하면 길을 만들 것이다"를 벽에 걸어 뒀다. 나의 좌우명이었다. 나는 해법을 찾을 수 없는 법적인 문제는 없다고 진심으로 믿었다. 몇 년이 흐르고 나는 그 말을 나름대로 바꿨다. 지금 내 책상 앞에는 이런 말이 걸려 있다.

"해법이 없는 문제란 없다."

–다니엘 R. 카스트로, 〈히든 솔루션〉 중에서

문제를 풀지 않는 이유는 해법이 없다고 포기하기 때문이다. 하지만 모든 문제에는 그 속에 해법의 씨앗이 숨어 있다. 끝까지 포기하지 않을 것. 혼란스러운 시기를 견뎌내고, 자신만의 길을 개척해 나갈 것.

처방전 003 인생은 주관식이다

객관식 인생은 주어진 문제에 대한 답 중에서 한 가지 정답을 찾아야 하는 시험의 연속입니다. (……) 객관적으로 볼수록 관객의 입장으로 전락해서 주인의 관점으로 보기가 점점 어려워집니다. 반면에 주관식 인생은 주어진 문제에 대한 하나의 정답을 찾는 인생이 아닙니다. 주관식 문제에는 하나의 정답이 아니라 저마다의 주관적 견해와 가치판단이 반영된 여러 가지 현답이 존재합니다.

–유영만 · 고두현, 〈곡선으로 승부하라〉 중에서

객관식 시험에서는 정답 이외 다른 답을 인정하지 않는다. 하지만 인생에는 틀린 답이 없는 법. 인생은 다른 사람이 채점하는 시험이 아니다. 내가 선택하면 그것은 무조건 정답이다. 자신만의 답을 찾아낼 것.

처방전 004 내 안에 지도가 있다

자신의 약점과 한계를 명확하게 아는 것은 쉬운 일이 아니다. 하지만 알고 난 후에는 수많은 삶의 선택지 앞에서 판단이 훨씬 쉬워진다. 자신의 한계를 의식하면 유연해질 수 있다. 이제 우리는 원칙적으로 많은 선택지가 있어도 우리가 선택할 수 있는 게 소수에 불과하다는 것을 안다. (……) 그렇게 깨닫고 나면 세상의 소음과 유혹이 한결 약해져 있음을 느낄 것이다.

–바스 카스트, 〈선택의 조건〉 중에서

한 사람이 세상의 일을 모두 할 수는 없다. 그리고 자신이 할 수 없는 일을 선택했을 때 결과는 좋지 않을 것이다. 자신의 능력과 한계를 정확히 알 것. 그것을 토대로 정확한 선택을 할 것. 그때의 선택은 이미 '나'라는 필터로 직접 걸러낸 소수의 선택지 중에서 이루어지므로, 겁먹지 말고 자신감을 가질 것.

처방전 005 결정이 필요할 땐 확실하게 결정하자

현대사회는 많은 것을 선택하도록 강요하고 있다. 그래서 사람들은 결정을 내리기가 점점 힘들다. 사람들은 항상 많은 선택권을 가능한 한 열어두려고 하는데, 뭔가 빼먹고 있다는 두려움 때문이다. 그리고 결정을 내리지 않는다는 것은 결국 자기 인생을 적극적으로 설계하지 않겠다는 것을 의미한다. 그러나 결정을 내리지 않으면 안 되는 불가피한 상황이 평생을 따라다닌다.

–로타르 J. 자이베르트, 〈넌 느리고 난 빠르다〉 중에서

한 가지 결정을 내리기는 쉽지 않으며, 옳은 결정에 대한 부담감은 결정을 회피하고 미루게 만든다. 그렇게 결정 내리지 않고 외부의 결정에 휘말리게 되는 것이 나를 갈팡질팡하게 만드는 원인이다. 자신이 원하는 소망과 멀리 떨어지기 전에 인생의 방향키를 잡을 것. 스스로 목적지와 방향을 설정할 것.

1-2

그 인생을 살아가는 것은 당신이다

인정받기를 바란 나머지 '이런 사람이면 좋겠다'는 타인의 기대를 따라 살게 되는 사람이 있습니다. 진정한 자신의 욕구가 아닌, 타인의 요구에 부응하느라 자신의 인생을 살지 못하는 거죠. 부모의 기대에 맞춰 원하지 않는 직업을 선택한다거나, 다른 사람에게 잘 보이기 위해 흥미도 없는 분야에 매달리는 것이 그 예라고 할 수 있습니다. 모두에게 인정받고 사는 사람은 과연 자신의 인생을 사는 사람일까요? 당신은 누구의 인생을 살고 있나요?

처방전 006 뚜렷한 주관을 갖자

나는 정말 중요한 결단을 내릴 때는 남에게 절대 상담을 하지 않는다. (……) 왜 그럴까? 상담을 하면 차후에 변명거리를 만들기 십상이다. 실패했을 때 '그 사람의 조언을 들은 것이 실수였다'와 같은 생각을 하기 싫은 것이다. 그것이 가장 보기 흉한 태도이기 때문이다.

–후지하라 가즈히로, 〈인생의 마지막 교과서〉 중에서

자기 주관이 뚜렷하지 않은 사람은 남의 의견에 휘둘리게 된다. 그리고 그 결과가 잘못되었을 경우에 대부분 타인을 탓하게 될 것이다. 반대로 자신의 의지로 결정한 일에 대해서는 남의 탓을 할 수 없다. 대신 자신의 선택인 만큼 신중히 결론 내리고 밀어붙일 수 있다. 뚜렷한 주관을 가질 것. 자신의 선택에 책임을 질 것.

처방전 007 땅콩이 아닌 나의 인생 찾기

만약 여러분이 외발자전거를 타기로 선택했거나 힙합에 맞춰 춤을 추면서 저글링을 하기로 선택했다면, 그 일이 자신의 삶을 더 좋게 만들어주기 때문이어야 한다. 단지 누군가 대가로 땅콩을 던져주기 때문이어서는 안 된다.

—찰스 윌런, 〈지독하게 리얼하게 10.5〉 중에서

서커스 동물들이 묘기를 부리는 이유는 단지 땅콩을 얻어먹기 위해서이다. 우리도 대부분 이런 식으로 일하고 있다. 단지 돈을 벌기 위해서 다람쥐쳇바퀴처럼 업무를 반복할 뿐이다. 하지만 인생에 즐거움과 풍요로움을 심어주는 일은 돈에 구애 받지 않는다. 돈을 벌기 위해 사는 것이 아니라 살기 위해 돈을 벌 것. 일의 노예가 되지 말 것.

처방전 008 타인의 인생에 곁눈질하며 주눅 들지 않기

창조주는 인간 스스로 생각하고 결정하여 인생을 살도록 마음을 다스릴 수 있는 특권을 우리에게 부여했다. (……) 하지만 이 세상은 우리의 권리를 침해하는 외부 세력들로 가득 차 있다. 인간은 영향을 주고받으며 살게 되어 있기 때문에 관습이나 규칙, 의무, 권리라는 이름으로 타인의 행동이나 생각에 영향을 받다 보면, 자신만의 인생을 살기가 무척 힘들어 진다. 그러므로 인간은 자신이 꿈꾸던 삶은 스스로 찾아야 한다.

–나폴레온 힐, 〈마음의 평화로 부자되기〉 중에서

성공한 사람은 자신의 재능을 발견하고 키워내서 자신만의 인생을 산 사람이다. 다른 사람을 그대로 따라 해서 성공을 이뤘다면 그것은 진정한 성공이 아니다. 우리가 어린 시절에 자신만의 꿈을 꾸었듯, 남들이 원하는 성공이 아닌 자신의 성공을 향해 나아가야 할 것. 꿈을 이룰 시간은 남아 있다. 그 꿈을 다시 찾을 것.

처방전 009 남을 탓할수록 자유는 멀어진다

'100퍼센트의 법칙'은 나에게 일어나는 일을 100퍼센트 내 책임으로 보는 법칙입니다. 만일 50퍼센트는 내가 나쁘지만 상대로 50퍼센트 잘못했다고 생각한다면, 당신의 인생은 상대방에게 50퍼센트 지배당하고 있는 셈입니다. 상대가 90퍼센트 나쁘다고 여긴다면 상대방이 당신 인생의 90퍼센트를 장악하게 됩니다. 하지만 100퍼센트 모두 내 책임으로 삼으면, 내 인생에 대한 자유도 역시 100퍼센트가 됩니다.

–사이토 히토리, 〈괜찮아, 다 잘되고 있으니까〉 중에서

좋지 못한 일이 생겼을 때 자기의 잘못을 100퍼센트 인정하는 사람은 거의 없다. 스스로의 잘못을 인정하고 자책하는 고통이 그 원인이다. 하지만 모든 일은 본인으로부터 시작된다. 반대로 생각해 보면, 남 탓을 하면 할수록 그 사람에게 자유를 빼앗길 수 있다. 모든 일이 100퍼센트 본인의 책임이라고 인정할 것. 그렇게 자신의 인생을 100퍼센트 소유할 것.

처방전 010 인생은 스스로 주문하는 것이다

당신에게 '최고의 미래'란 어떤 것인가요? 가령 택시에 타서 기사님이 "어디까지 가십니까?" 했는데 "글쎄요."라고 한다면, 택시는 어디에도 가지 못합니다. 레스토랑에서 "주문하시겠습니까?" 했을 때, "아직 결정하지 못했습니다."라고 대답한다면 아무리 기다려도 요리는 나오지 않습니다. 인생에서도 마찬가지입니다. 자신의 인생에 주문하지 않으면, 최고의 인생을 손에 넣지 못합니다.

–혼다 켄, 〈원하는 대로 산다〉 중에서

인생을 제대로 운전하려면 목적지가 정확해야 한다. 어디로 갈지 스스로 주문하지 않고 출발하면 결국 헤매거나 엉뚱한 곳에서 멈출 수 있다. 자신의 차가 멈추어만 있거나 원하지 않은 곳에 도착하길 바라지 않는다면, 지금 바로 어디로 갈지 주문할 것. 스스로 정한 목적지를 향해 나아갈 것.

1-3

편안함에 갇혀 있지 않기

추위와 허기에 떨고 있는 어떤 사람의 소원은 "겨울에 보온밥통 들고 다니는 것"이었다고 합니다. 당장 찬밥 먹는 것을 면하는 게 인생의 목표가 되어버린 것이지요.

사람이 눈앞의 결과에만 집착하거나 현재에 가지게 된 편안함에 안주하려고만 한다면 죽을 때까지 발전할 수 없습니다. 그럼 우리는 어떻게 해야 더 나은 미래를 손에 넣을 수 있을까요?

처방전 011 노력의 씨앗 뿌리기

성공을 얻는 방법은 하나뿐이며, 그것은 힘든 일을 통해서만 가능하다는 것을 명심하라. 이러한 대가를 지불할 마음이 없다면 평생을 평범하고 가난하게 보낼 수밖에 없다. 남을 위해 일하는 것이라 해도 결코 노력을 아끼지 말라. 언제나 최선을 다하라. 네가 지금 뿌린 씨앗은 반드시 결실을 맺게 될 것이다.

–오그 만디노, 〈아카바의 선물〉 중에서

자신의 일을 열심히 하고 있는데도 대가가 없다면, 일을 잘 못하거나 잘못된 일을 하기 때문이다. 또한 현재의 능력에 맞는 일만 한다면 발전이 없다. 시기가 맞지 않아서 아직 열매를 거두지 못하는 경우에도 절대 포기하지 말 것. 크고 힘든 일일수록 그 결과는 빨리 나타나지 않는다. 천천히 기다릴 것. 씨 뿌리기를 멈추지 말 것.

처방전 012 고통에 숨겨진 보석을 찾아라

나는 (……) 단지 고통이 모든 사람에게 항상 나쁜 것은 아니라는 사실을 지적하고 싶을 뿐이다. 대개 나쁜 것에는 어느 정도 좋은 것이 섞여 있기 마련이며 그것을 발견하는 사람은 뭔가 귀중한 것을 얻게 된다. 그리고 이것이 도덕적이고 영적인 발전의 열쇠가 된다. 셰익스피어는 이런 글을 남겼다.

역경의 열매는 달콤하다오.
그것은 두꺼비처럼 추하고 독살스럽지만
머리에는 귀한 보석을 품고 있다고.

–조너선 헤이트, 〈행복의 가설〉 중에서

우리는 우리가 생각하는 것보다 강하다. 그 힘은 극심한 고통과 역경으로 만들어진다. 극심한 고통이 오랫동안 계속되고 있다면, 자신이 그만큼 강하게 단련되고 있다고 믿을 것. 그 고통을 견뎌내고 강한 인간으로 재탄생할 것.

처방전 013 불편한 선택을 해 보자

우리도 이미 선호하는 것을 지지해주거나 이전에 내린 선택을 옹호해주는 정보를 수용하며 그와 똑같은 행동을 저지르곤 한다. 어쨌든 자신의 의견에 도전하기보다는 정당화하는 것이 더 기분 좋은 일이다. 장점만 생각하고 나쁜 점은 마음 뒤쪽으로 밀쳐내는 것이 훨씬 마음 편하다. 하지만 가장 현명한 선택을 하려면 스스로 불편함을 겪겠다는 마음을 먹어야 한다.

—쉬나 아이엔가, 〈나는 후회하는 삶을 그만두기로 했다〉 중에서

잘못된 선택이 반복되는 원인은 스스로의 잘못에 대해 질책하지 않는 태도이다. 발전을 원한다면 새로운 것에 도전해야 한다. 새로운 선택은 언제나 마음을 불편하게 만들 것이다. 그러나 편한 길엔 발전이 없다. 새롭고 어렵고 낯선 것을 감수할 것. 자신의 발전을 위해 현명한 선택을 할 것.

처방전 014 편안함에는 대가가 따른다

나는 항상 습관의 본질을 찌르는 존 가드너의 말을 떠올린다. "법을 어길 때마다 대가를 치르고, 법을 지킬 때마다 대가를 치른다." 좋은 습관을 지키려면 대가를 치러야 한다. 시간, 에너지, 돈을 투자해야 할 수도 있고 쾌락과 기회를 포기해야 할 수도 있다. 좋은 습관을 지키지 않아도 대가는 따른다. 둘 중 어느 쪽 대가를 원하는가?

—그레첸 루빈, 〈나는 오늘부터 달라지기로 결심했다〉 중에서

과정 없는 결과는 없다. 그리고 그 과정이란 쉽지 않은 대가를 요구한다. 결과를 뻔히 알면서도 당장은 쉬운 선택을 하는 경우가 많은데, 그 선택에서 등을 돌려야 비로소 좋은 습관을 들일 수 있다. 어떤 대가를 치를 것인지 생각해 볼 것. 결과만을 원하지 말고 그 과정을 받아들일 것.

1-4

다른 사람의 인생담

자신만의 길을 찾는 것은 매우 어려운 일입니다. 그러다보니 사람들은 이미 성공한 사람들의 인생담을 마치 잘 닦인 길처럼 여깁니다. 그리고 불안정한 시대일수록 안정적인 길을 택하죠.

하지만 다른 사람의 인생은 나의 인생이 아닙니다. 수많은 차이와 변수가 있을 것입니다. 그렇다면 우리는 다른 사람의 인생담을 어떻게 받아들여야 할까요?

처방전 015 실패자의 인생담도 들어라

무언가를 해내고 성공한 사람들에게만 집중하다 보면 잘못된 결론을 내리게 된다. 이런 현상을 '생존자 편향(survivor bias)'이라고 하는데 다양한 사례가 있다. 우연이 지배하는 삶에서 운이 좋은 승지자들에게만 집중하는 것은 영리한 전략이 아니다. 세계가 어떻게 돌아가는지 이해하기 위해서는 실패자들의 운명도 주시해야 한다.

–플로리안 아이그너, 〈우연은 얼마나 내 삶을 지배하는가〉 중에서

성공한 사람의 이야기와 그것을 따라한 사람의 이야기는 다르다. 아무리 똑같이 따라한다고 한들, 실패할 확률이 높다. 하지만 실패에 대해 알아간다면 인생을 바꿀 수 있다. 성공한 사람이 아닌, 실패한 사람의 인생담을 들을 것. 그리고 그것을 반면교사 삼아 스스로 나아갈 것.

처방전 016 타인의 삶은 정답이 아니다

인생에 정답이란 없습니다. 정답이 없으니 공식도 없고요. 따라서 남의 공식이 나에겐 공식이 아닐 수도 있습니다. 나와 남은 분명 다릅니다. 그러니 남의 공식은 참고만 하세요. 남의 경험과 법칙이 의미가 없다는 게 아닙니다. 정말 값진 지식이나 지혜죠. 다만 그것을 절대 불변의 정답으로 여기고 맹목적으로 따르지는 말자는 겁니다. 나의 성공을 위한 아이디어 정도로 받아들이면 됩니다.

—이태화, 〈꿈 따위는 없어도 됩니다〉 중에서

누구에게나 인생은 처음 가는 길이다. 사람마다 길이 다르기 때문에 지도는 각자가 그려야 한다. 남의 지도가 좋아 보인다고 해서 그대로 따라 가지 말 것. 상황에 따라, 여건에 따라, 만나는 사람에 따라 길은 계속 변한다. 아무리 성공했다 하더라도 타인의 지도는 참고용일 뿐 스스로 자신의 지도를 그려나갈 것.

처방전 017 인생에 정해진 길은 없다

인생이라는 이름으로 불리는 레일을 따라 목적 없이 걷고 있는 건 아닌가 막막해질 때가 있습니다. 사람들은 이미 깔려진 레일이 편하고 좋은 것이라고 말합니다. 그 레일을 따라가야만 성공할 수 있다고 말합니다. 그런데 인생의 행복이란 형태가 제각각입니다. 인생에 정답이라는 형태는 없습니다. 당신 눈앞에 길은 없습니다. 눈앞에는 그저 빈 공간뿐, 내가 걸어가는 그곳이 나의 길이 됩니다.

–야쓰오카 료겐, 〈잠깐 흔들려도 괜찮아〉 중에서

인생은 출발지와 도착지만 정해진 여행이다. 정해진 길은 없다. 모든 사람은 각각 다르기 때문에 살아가는 방향도 다르다. 패키지 여행처럼 정해진 코스를 따라간다면 자칫 행복과 멀어질 수 있다. 대학, 취직, 결혼과 같은 코스에서 벗어나 자유 여행을 떠날 것. 자신만의 여행 코스를 선택할 것.

1-5

계획대로 잘 되지 않더라도

우리는 가끔 다른 사람의 인생과 자신의 인생을 비교합니다. 특히 SNS를 통해 보이는 다른 사람의 인생은 매우 멋져 보입니다. 모든 것이 계획대로 풀리는 것처럼 보이기도 합니다.

하지만 각자의 인생은 수많은 NG(Not Good) 장면으로 이루어져 있습니다. 당신의 인생도 다른 누군가의 눈에는 잘 편집된, 성공한 인생일 수 있습니다. 그렇다면 우리는 어떻게 해야 실패를 딛고 해피엔딩을 맞이할 수 있을까요?

처방전 018 힘든 일도 과정이다

우리는 가끔 확률이 낮아 자주 일어날 것 같지 않은 일이 자신에게 생기면 "왜 나에게만 이런 일이 일어나는 거지?"라는 생각을 갖게 된다. (……) 하지만 당시에는 죽을 만큼 힘든 일이라도 이겨내는 과정을 거치다 보면 분명 배움이 함께한다. 그 과정 때문에 앞으로 또 있을지 모를 시련을 이겨내는 힘도 길러진다.

—이소연, 〈열한 번째 도끼질〉 중에서

잘못된 결과에는 잘못된 원인이 있는 법. 좋은 선택에 실패했다고 해서 좌절하면 안 된다. 생명을 잃지 않는 이상 인생은 이어진다. 중요한 것은 극복의 여부. 어려운 시련을 극복해내면 앞으로 하게 되는 선택에 대한 두려움도 사라지게 될 것이다. 잘못된 선택의 결과를 이겨낼 것. 실패의 경험을 바탕으로 성공을 이루어낼 것.

처방전 019 세상에 완벽한 계획은 없다

일 잘하는 사람과 못 하는 사람의 차이는 무엇일까? 일 못 하는 사람은 잘못된 가정을 많이 한다. 지극히 주관적이고 비현실적인 로드맵을 상정한다. 모든 것이 자기가 예정한 스케줄대로 착착 진행될 것이라고 생각한다. 대충 모양새만 갖추어놓고는 만반의 준비가 되었다고 착각하고 다 잘 될 거라 방심한다. (……) 그러니 예상치 못한 차질이 생기면 모든 일이 엉망으로 돌아간다.

–한근태, 〈오픈 시크릿〉 중에서

실패하는 계획을 짜는 사람들의 공통점은 바로 완벽한 계획을 염두에 두는 것. 계획이 실패하면 새로운 계획을 짜야 한다. 하지만 앞서 말한 사람들은 같은 실수를 반복한다. 공부를 할 때 자신이 무엇을 모르는지 알아야 하는 것처럼 항상 부족하다고 느낄 것. 보완점을 찾아 채우기 위해 노력할 것.

처방전 020 경험을 재산으로 삼아보기

인간은 비극적인 체험을 통해 진리에 도달한다. (……) 질병, 빈곤, 차별, 폭력에 따른 불안한 생활, 전쟁, 이런 것들은 바람직하지 못한 환경이다. (……) 그런데 분명한 사실은 이런 비극적인 체험이 위대한 성과의 밑거름이 되기도 한다는 점이다. 불행은 엄연한 사유재산이다. 불행도 재산이므로 버리지 않고 단단히 간직해둔다면 언젠가 반드시 큰 힘이 되어 나를 구원한다.

–소노 아야코, 〈약간의 거리를 둔다〉 중에서

경험이야말로 자신만이 쌓을 수 있는 소중한 재산이다. 행복한 나날만 계속되는 인생은 없다. 좋은 경험은 좋은 추억이 되고 나쁜 경험은 발전을 위한 재료가 된다. 불행 속에도 행복의 씨앗이 숨어 있다. 주저앉지 말고 씨앗을 찾아낼 것. 좋지 않은 경험을 겪을지라도 좌절하지 말고 앞으로 나갈 것.

처방전 021 꿈의 냉혹함 받아들이기

우리는 너무도 쉽게 꿈을 이야기하지만, 사실 꿈만큼이나 냉혹한 것도 없다. 꿈이 이뤄지는 순간 행복감을 느끼겠지만, 꿈을 이루지 못하는 사람은 좌절을 할 수밖에 없다. 그것이 꿈이 가지고 있는 양면의 모습이다. 꿈은 모두가 꿀 수 있지만, 그 꿈을 이루지 못하는 사람에게는 그 꿈의 포기를 받아들일 수밖에 없는 냉혹한 현실이 우리에게 주어져 있는 것이다.

–오종철, 〈온리원〉 중에서

꿈을 이루지 못하게 만드는 두 가지 원인은 바로 허황된 꿈과 경쟁에서의 패배이다. 꿈은 생각보다 냉정하다. 아무리 노력해도 이루어지지 못하는 꿈은 존재한다. 그런 꿈의 냉혹함을 기꺼이 받아들일 것. 최선이 불가능하다면 차선을 찾아야 한다. 어디까지나 현실을 살아갈 것. 때로는 포기하는 것도 삶의 지혜임을 명심할 것.

처방전 022 비교의 굴레에서 벗어나기

인생은 의자 빼앗기 게임이 아니라서 타인과 비교하거나 경쟁해 보았자 거기에서 행복을 찾을 수는 없습니다. 모두가 수가 제한된 의자를 놓고 거기에 앉기 위해 혈안이 되어 뱅글뱅글 돌 때, 그 무리에서 물러나 혼자 조용히 지내야 마음이 채워지는 사람도 있습니다. 타인에게는 그들만의 형태를 가진 행복이 있고 나에게는 나만의 형태를 가진 행복이 있습니다. 그 차이만 인정하면 됩니다.

–고도 토키오, 〈혼자서도 강한 사람〉 중에서

행복의 기준이 다르면 불행의 기준도 달라지는 법. 타인의 기준이 아니라 자신만의 기준으로 긍정적인 사고방식을 가진다면 실패한 계획도 성공한 계획이 될 수 있다. 경쟁에서의 승리만을 성공의 기준으로 두지 말 것. 긍정적인 생각을 통해 행복을 향해 한 걸음 나아갈 것.

증상 2

인간관계로 인한 피로

삶이란 여러 재료가 들어간 김밥 같은 것입니다. 갖은 재료를 한 번에 먹어야 맛을 알 수 있듯, 인간관계 또한 전체를 볼 수 있어야 합니다.

언뜻보면 서로 어울리지 않을 것 같은 재료들이 같은 김밥 안에서 공존하는 것처럼 살아가야 합니다. 각박한 세상에서 어떻게 해야 서로 부딪히지 않으면서도 외롭지 않게 살아갈 수 있을까요? 인간관계로 지친 당신이 '같이'의 '가치'를 알게 되었으면 좋겠습니다.

2-1

독이 되는 관계에 대해

다른 사람과 엮이면 어떤 형태로든 마찰을 피할 수 없습니다. 상처받거나 미움을 받거나 배신당할지도 모르죠. 고의는 아니어도 타인에게 상처를 줄 수도 있습니다. 그것은 당연한 일이기 때문에 감수해야 할 일입니다.

하지만 몇몇 관계는 멀어져야 할 필요성을 느끼게 합니다. 우리는 주변에 그런 관계가 있는지, 혹은 타인에게 내가 그런 사람은 아닌지 성찰하면서 살아가야 합니다.

처방전 023 화를 다스리자

화를 내는 사람만 불행해지거나 죽는다면 '자기 멋대로 화내서 불행해지거나 죽어도 상관없습니다.'라고 말할 수 있지만, 그렇지가 않습니다. 화를 내는 사람들은 주위의 사람들에게 수많은 폐를 끼치고 있습니다. 인간은 행복을 위해서 필사적으로 노력하는데 이런 사람들이 모두의 행복을 한 순간에 빼앗아 버리는 행복도둑입니다.

—알루보물레 스마나사라, 〈화를 다스리면 인생이 달라진다〉 중에서

화내는 것이 무조건 나쁜 것은 아니다. 오히려 무조건 화를 참기만 하면 상황이 악화될 수 있다. 하지만 화내는 방식이 잘못되었다면 그 사람은 행복도둑이 된다. 적당한 스트레스 해소 방법을 찾을 것. 화를 다스리도록 노력할 것.

처방전 024 '에너지 도둑'을 조심하라

건강하지 못한 식습관, 알코올, 마약, 카페인, 설탕, 담배, 운동 부족, 비관적인 성향, 빈정거림, 집중하지 않은 목표, 뉴스 기사, … 등 에너지를 소모하는 일에 당신을 노출하는 행위를 그만두라. 이러한 행동들은 당신의 에너지를 소모한다. 동료나 친구, 심지어 당신의 가족 중에 있을지도 모르는 '에너지 도둑'을 주의해야 한다. 왜 당신의 에너지를 고갈시키는 사람들과 함께 시간을 보내는가?

–마크 레클라우, 〈습관책〉 중에서

사람은 모두 주변 환경과 사람의 영향을 받는다. 그 영향이 긍정적이라면 만족스러운 삶을 살게 되고, 부정적이라면 그 반대의 삶을 살게 된다. 주변에 부정적인 기운으로 피곤하게 만드는 '에너지 도둑'이 있다면 멀어질 것. 거절하는 용기를 가질 것.

처방전 025 '시간 흡혈귀'를 멀리하라

'시간 흡혈귀'란 우리 옆에 찰싹 붙어서 시간을 빼앗고 하루(몇 주 또는 인생 전반)의 계획을 무너뜨리는 사람을 말한다. 그들은 여러분과 가깝게 지내고 이미 상호의존적인 관계에 접어든 사람들 중에서 찾아볼 수 있다. 문제는 그들과 함께 하는 순간 의미 없이 버려지는 시간이다. 만나고 헤어진 뒤에는 피로와 스트레스가 쌓이고 초조해지며 심지어 화가 치밀어 오르는 경우도 있다.

—페드람 쇼자이, 〈시간을 멈추는 기술〉 중에서

다른 사람과 함께 보내는 시간은 무의미하지 않다. 하지만 일상적인 관계에서 시간을 그저 흘려보내고 낭비하게 만드는 사람이 있다면 다시 생각해 볼 필요가 있다. '시간 흡혈귀'와 만나는 횟수를 조금씩 줄여나갈 것. 자신의 시간을 소중히 여길 것.

처방전 026 나에게 필요한 사람을 찾아라

인간관계에도 소망과 필요가 있습니다. '소망 관계'는 잘 보이기 위해 급하게 만들어진 관계입니다. 한두 번 만나고 끝나는 관계는 본디 지속될 수 없는 관계이고 무익한 관계입니다. 한편 '필요 관계'는 '앞으로 계속 이어지는 관계'이며 '여러분이 가장 필요로 하는 관계'입니다. 소망 관계를 버리지 않으면, 원래 필요한 사람과 서서히 거리가 벌어져서 자신도 모르는 사이 멀어질 수 있습니다.

–도리하라 다카시, 〈일 버리기 연습〉 중에서

사람에겐 각자 필요한 관계가 있고, 제한된 시간을 갖고 있다. 인간관계를 꾸려나가기 위해서는 어느 정도 에너지와 시간을 투자해야 한다. 독이 되는 관계를 끊어내는 것은 제한된 시간과 에너지로 더 좋은 관계를 맺기 위해서이다. 그러므로 꼭 필요한 관계를 가려낼 것. 가볍고 무익한 관계에 시간과 에너지를 빼앗기지 않을 것.

2-2

때로는 혼자만의 시간을 갖자

심리학자 알프레드 아들러는 "모든 고민은 인간관계에서 비롯된다."라고 말했습니다. 인간은 사회적 동물이기 때문에 관계를 맺는 것이 자연스럽지만, 인간관계는 고민을 낳고 에너지를 소모하게 만들죠.

따라서 정기적으로 삶을 점검하고 관계를 조율하는 시간이 필요합니다. 그렇다면 어떻게 해야 할까요?

처방전 027 '솔로타임'을 가져라

우리는 가끔 일상 속에서 가슴에 커다란 구멍이 뚫린 듯한 깊은 공허감을 느낄 때가 있다. 그 공허감은 인간관계로 지치고 피곤해졌을 때 찾아온다. 이렇듯 가슴에 깊은 공허감을 품고 있는 사람들에게 나는 혼자 있는 시간인 '솔로타임'을 가져보라고 말한다. 솔로타임이란 일상적인 인간관계에서 잠시 벗어나 조용하고 안정된 곳에서 혼자만의 시간을 보내는 것이다.

—나코시 야스후미, 〈혼자만의 시간이 필요한 이유〉 중에서

인간관계에 시달리면 자기 자신을 잃어버리고 공허감에 빠질 수 있다. 타인을 신경 쓰는 것에 에너지를 소모하다 자기 자신을 챙기는 것에 소홀해지기 때문이다. 그런 상황을 피하려면 '솔로타임'이 필요하다. 자신을 되돌아보고 안정시키는 시간을 가질 것. 자기 자신을 되찾을 것.

처방전 028 외로움에 익숙해지자

인간에게 고독은 너무도 자연스러운 감정이다. 인간은 누군가가 돌봐주지 않으면 생존 자체가 불가능한 상태로 이 세상에 태어난다. 따라서 인간에게는 누구나 무력한 존재로서 무서운 사람들에 둘러싸여 있다는 근원적인 공포가 있다. 이것이 바로 인간에게 고독이 숙명일 수밖에 없는 잔혹한 이유다. 어찌 보면 뼈아픈 외로움을 느끼는 것은 당연하다는 이야기다.

—양창순, 〈나는 외롭다고 아무나 만나지 않는다〉 중에서

고독과 외로움은 자연스러운 감정이다. 사람을 만난다고 해서 전부 해결되는 감정도 아니다. 그리고 그것을 지나치게 두려워하면 오히려 인간관계에 해가 될 수 있다. 혼자 있는 시간을 즐길 수 있도록 훈련할 것. 혼자서 할 수 있는 취미를 만들어 볼 것.

처방전 029 참견을 줄여라

모든 인간관계의 문제는 다른 이의 참견 때문에 발생한다. 부모 자식뿐 아니라 친구끼리, 상사와 부하 사이도 마찬가지다. 다른 이의 과제에 뛰어들어서는 안 된다. 우리가 할 수 있는 것은 응원뿐이다. 만약 아이가 공부를 하지 않겠다고 말하면 응원할 준비가 되어 있다고만 전한다. 우리가 할 수 있는 유일한 일은 가만히 지켜보는 것이다.

–알프레드 아들러(오구라 히로시 해설), 〈인생에 지지 않을 용기〉 중에서

남에게 너무 신경을 쓰게 된다면 간섭하게 되고, 참견하게 된다. 자신의 과제를 내버려두고 타인의 과제를 하게 된다. 인생은 혼자 걷는 길이다. 다른 사람에게 지시하지 말 것. 그리고 다른 사람의 지시나 간섭에 휘둘리지 말 것.

처방전 030 '인연 비만'에서 벗어나기

현대인은 지나치게 타인과 연결되어 있으려고 한다. 타인과 인연을 맺는 데 필사적이다. 바로 인연을 파는 장사에 휘둘린 결과다. 돈을 내고 인연을 맺는 것은 돈을 내고 먹는 것과 같다. 공복은 비정상이기 때문에 계속 먹어야 한다고 착각하고 있는 것이나 마찬가지다. 그래서 현대인은 '인연의 비만 상태'에 빠져 있다.

–모리 히로시, 〈고독이 필요한 시간〉 중에서

통신의 발달로 인해 현대인은 과도하게 연결되어 있다. 무엇이든 적당한 거리를 유지하는 것이 중요하다. 홀로 남아 사색의 시간을 가져볼 것. 일상에서 놓친 자신과 마주하고 창의적으로 생각할 수 있는 기회를 잡을 것.

처방전 031 타인의 말 내보내기

지금 스트레스가 많고 힘든 이유가 혹시 내 마음 안에 너무 많은 다른 사람의 말이나 생각이 들어와 있어서 그런 건 아니지 한번 살펴보세요. 단식을 하듯 며칠간 전화와 인터넷을 끊고 내 몸과 마음에 귀 기울여보세요. 내 마음이 정상적인 컨디션으로 돌아옵니다.

–혜민, 〈완벽하지 않은 것들에 대한 사랑〉 중에서

사람이라면 누구나 남에게 인정받고 싶은 욕구가 있다. 하지만 남에게 자신을 완벽하게 맞출 수는 없다. 따라서 자신의 안에 너무 많은 타인이 들어 있다면 덜어낼 필요가 있다. 외부와의 연결을 끊고 자신의 온전한 마음을 들여다볼 것. 건강한 자신을 되찾을 것.

처방전 032 내면의 목소리에 집중하자

자기 내면의 목소리에 집중하는 '틀어박히는 힘'은 의식하고 집중하지 않으면 쉽게 할 수 없습니다. 친구와의 술자리나 연인과의 데이트도 좋지만, 때로는 혼자만의 시간을 갖는 것, 외부의 잡음을 차단하고 자기 자신의 내면에 깊이 파고드는 것, 이것은 굉장히 고독하고 힘든 작업이기는 합니다만, 당신의 미래를 뒤바꿔 놓을 수도 있는 중요한 일입니다.

–이치무라 요시나리, 〈틀어박히는 힘〉 중에서

다른 사람들과의 과도한 관계에서 벗어나기 위해서는 '틀어박히는 힘'이 필요하다. 인간관계로부터 오는 피로감에서 벗어나 휴식을 취할 것. 인간관계로 인해 고갈된 에너지를 충전하고 나와의 진정한 대화를 나눌 것.

2-3

관계를 개선하려면?

사람은 늘 서로 부딪히며 살아갑니다. 타인은 내가 아니기 때문에 부딪히지 않을 수는 없습니다. 하지만 그 부딪히는 과정에서 오는 충격을 조금이나마 덜어낼 수 있지 않을까요? 누구나 인간관계에서 실수할 수 있습니다. 중요한 것은 그것을 바로잡는 것입니다.

처방전 033 장부를 태워라

상대에게 보상을 원하는 욕망에 휘둘리게 되면, 우선 자신의 마음이 채워지지 않아 괴롭다. 또 욕망 때문에 예민해진 모습이 상대에게 추하게 보여, 상대로 결국 멀어지게 된다. 그러니 빚을 돌려받으려고 마음속에 적어둔 장부가 있다면, 당장 태워버리는 게 좋다.

—코이케 류노스케, 〈침묵 입문〉 중에서

상대방에게 준 것이 있으면 받고 싶은 것이 인간의 욕심이다. 그래서 아무리 가까운 사람이라도 한없이 받지만은 못하는 것이다. 마음속에 장부가 있다면 관계는 틀어지고 만다. 돌려받겠다는 생각을 갖지 않을 것. 빚을 따지지 않고 관계를 돈독하게 만들 것.

처방전 034 관계에서 편식하지 말기

음식을 골고루 섭취하는 것은 영양의 균형이나 풍부한 식생활과 관련이 있다. 마찬가지로 사람에 대한 기호가 없는 쪽이 인간관계의 균형을 맞추고 인생의 깊이를 느끼기에 좋다. 이러한 사실을 알고 있는데도 사람에 대한 기호가 심하다면 "나는 좋고 싫은 것이 너무 많은 독선적인 사람이야" 하고 자신을 받아들인 뒤, 싫어하는 사람과 나의 공통점이 무엇인지 찾아보는 것이 바람직하다.

–나토리 호겐, 〈신경 쓰지 않는 연습〉 중에서

사람은 누구나 호불호가 있다. 하지만 건강하게 살기 위해선 음식을 골고루 먹어야 하는 것과 같은 이치로, 인연에서도 자신이 좋아하는 사람만 만나서는 성장할 수 없다. 자신에게 해를 끼치는 사람이 아니라면 호불호를 따지지 말 것. 사람에 대한 기호를 줄일 것.

처방전 035 성격 차이 때문이 아니다

소위 '성격 차이'(emotional incompatibility)라는 것은 이혼 소송을 맡은 변호사들이 지어낸 근거 없는 미신에 불과하다. 또한 그것은 사람들이 자신의 약점을 감추기 위해 내세우는 흔해빠진 변명이기도 하다. 나는 성격에는 궁합 같은 것이 없다고 믿는다. 성격 차이란 없다. 오해와 실수는 있을 수 있다. 그러나 의지만 있다면 그런 것들은 얼마든지 바로 잡을 수 있다.

—폴 투르니에, 〈서로를 이해하기 위하여〉 중에서

자신과 성격이 완전히 잘 맞는 사람을 만날 수는 없다. 인간관계의 시작은 서로 맞는 부분에서 시작하지만, 시간이 지날수록 갈등이 일어난다. 이런 갈등에 잘 대처해야 참된 인간관계를 얻을 수 있다. 성격 차이보다는 차이에 대한 마음가짐에 집중할 것. 상대방을 이해할 것.

처방전 036 타인과 협상하자

누구와의 관계에서든 의견이 일치하지 않는 영역은 상당히 넓게 마련이고, 아마도 그 부분은 끝내 좁혀지지 않을 거라고 가정하는 것이 최선이다. 그러면 상대방의 생각이나 태도가 나와 다르다고 해서 그것이 끔찍한 후퇴나 타협처럼 느껴지지는 않을 것이다. 원활한 관계가 곧 '일괄 협상'을 의미하는 것은 아니라는 사실을 깨달아야 한다.

—The School of Life, 〈평온〉 중에서

의견이나 생각은 옳고 그름의 문제가 아니라 다양성의 문제이다. 자신의 의견이 중요하듯, 상대방의 의견도 중요하다. 상대방의 의견을 존중하고 수용하여 타협점을 만들 것. 의견의 차이를 좁혀나가되 고집을 내세우지 않을 것.

처방전 037 화내기 전에 한 발 물러서라

이미 벌어진 상황에 대해 무섭게 화를 낼 때 우리는 두 가지 사실을 무시하고 있다. 첫째는 일어난 일이 좋은 일이 될지 나쁜 일이 될지 알 수가 없다는 점이다. 그리고 둘째는 이를 바꿀 수가 없다는 점이다. 여기서 논의의 핵심은 일어난 일을 우리가 좋아하는지 여부가 아니라 이미 일어난 일 자체를 없던 일로 되돌릴 수 없다는 것을 이해하고 있느냐 하는 것이다.

—레너드 셰프 · 수전 에드미스턴,
〈나는 오늘부터 화를 끊기로 했다〉 중에서

어떤 이는 사소한 일에도 화를 내고 어떤 이는 화를 잘 내지 않는다. 화의 문제는 외부 상황이 아니라 사람의 내부 상황이다. 감정을 다스린다면 어떤 상황에서도 화를 내지 않을 수 있다. 한 발 물러서서 객관적인 판단을 할 것. 이미 일어난 일은 받아들일 것.

2-4

좋은 관계를 유지하는 방법

나와 다른 사람 사이에는 엄격한 경계선이 존재합니다. '다른 사람'이라는 말 자체에도 정확하게 나와 있지요. 우리는 모두 다른 존재입니다. 그런데도 다른 사람이 나와 같기를 원하는 게 사람의 마음입니다.

반대로 다른 사람과 같아지려고 노력하기도 하죠. 그러다보면 자꾸만 다른 사람과 자신을 비교하게 되고, 피곤한 투쟁을 하게 됩니다. 어떻게 해야 좋은 관계를 유지할 수 있을까요?

처방전 038 받는 것도 사랑이다

남에게 무언가를 주는 것은 고귀한 일이고, 받는 것은 굴욕적인 일이라는 편견은 모두 잊어도 좋다. 사람들은 대개 남에게 베푸는 것만이 관용이라고 생각하지만, 남에게 받는 것도 사랑을 실천하는 행위이다. 남들이 우리를 행복하게 해 주도록 허용함으로써, 우리 역시 그들에게 행복감을 안길 수 있기 때문이다.

–파울로 코엘료, 〈아크라 문서〉 중에서

많은 사람들은 받는 것보다 베푸는 것에 더 많은 의미를 부여한다. 더 나아가 남에게 베풀되 받지 않으려고 하는 사람도 있다. 하지만 사랑은 주고받는 것이다. 타인에게 행복과 사랑을 주고받을 기회를 줄 것. 애정과 관심을 받아들일 것.

처방전 039 옳고 그름에서 벗어나자

대부분의 사람은 자기 생각을 드러내고 싶은 욕망에 사로잡혀 있다. 모든 것을 옳고 그름으로 구분하고 거기에 매달려 산다. 그러나 "내가 옳다"라는 생각은 마음의 위안이 될지는 몰라도 진정한 행복을 가져다주지는 못한다. 내가 옳다는 말은 다른 사람은 틀렸다는 것을 의미하며, 이는 갈등과 대립을 초래할 뿐이다. (……) 당신에게 비판받은 사람은 반드시 당신과 멀어지게 된다.

—디팩 초프라, 〈디팩 초프라의 완전한 행복〉 중에서

사람은 누구나 자신의 의견이 옳다고 생각한다. 하지만 타인의 의견을 수용하지 않고 함부로 판단하는 것은 공격이나 마찬가지이다. 좋은 관계를 유지하고 싶다면 자신의 목소리를 낮출 것. 타인의 의견을 존중하고 좋게 받아들일 것.

처방전 040 재미있는 사람이 되어라

꽃다운 젊음이 사라지고 서로를 향한 열렬한 사랑마저 식어버리고 난 후에도 남녀가 인생의 동반자가 되어 한길을 걸어갈 수 있으려면 서로에 대한 흥미를 잃지 않는 것이 무엇보다 중요하다. 상대방의 인성, 지혜, 경험 등이 버무려져 빚어내는 독특한 매력이야말로 세월이 흘러 백발과 주름투성이의 그, 혹은 그녀를 마주하고도 여전히 가슴 떨리는 설렘을 느끼게 해주는 남녀관계의 묘약이다.

–루이청강, 〈삼십이립〉 중에서

연인관계나 인간관계를 오래 지속시키려면 재미있는(interesting) 사람이 되어야 한다. 단순한 유머감각을 넘어서 지식, 지혜와 인격적인 매력을 키우면 사람들이 먼저 흥미를 느끼고 다가올 것이다. 새로운 지식을 찾고 다양한 경험을 쌓을 것. 삶에 대한 열정을 가질 것.

처방전 041 주의와 관심 선물하기

주의와 관심은 내가 남에게 줄 수 있는 가장 귀중한 선물이다. 누군가에게 전적으로 주의를 기울일 때 그 사람은 그 순간 세상에서 내가 관심을 갖는 유일한 대상이 된다. 그 외의 것들은 전혀 중요하지 않다. 그것들은 나의 의식영역 내에서 강한 존재감을 지니지 못하기 때문이다. 이보다 더 귀한 선물이 어디 있겠는가?

–차드 멍 탄, 〈너의 내면을 검색하라〉 중에서

인간은 어린 시절부터 부모의 보호와 양육을 받아야 하는 동물이다. 따라서 다른 사람의 주의와 관심을 본능적으로 원한다. 남이 말하는 것을 잘 들어주고 공감해 주는 것이 곧 주의와 관심을 주는 것이다. 말을 줄이고 경청할 것. 상처를 주기보다 공감해 줄 것.

처방전 042 다름을 인정하고 취향을 존중하자

세상에는 장미를 좋아하는 사람도 있고, 채송화를 좋아하는 사람도 있고, 진달래를 좋아하는 사람도 있어요. 사람의 기호와 취향이란 천차만별입니다. 그러니 남의 취향을 갖고 좋다, 나쁘다 할 게 없어요. 다만 '저 사람은 저걸 좋아하는 구나' '이 사람은 이걸 좋아하는 구나' 하고 차이를 발견하는 것으로 받아들이면, 마음이 불편할 일이 없고 그것으로 갈등하고 싸울 일도 없습니다.

–법륜, 〈법륜 스님의 행복〉 중에서

세상이 아름다운 건 각자 다른 사람들이 살아가기 때문이다. 인간관계의 분쟁은 서로가 서로의 다름을 인정하지 않기 때문에 생긴다. 사람은 똑같이 좋아하고 똑같은 의견을 가질 수 없다. 시비분별을 따지지 말 것. 다름을 인정하고 취향을 존중할 것.

처방전 043 거절에 공감하는 자세

사람들이 대체로 "아니요(No)!" 또는 "~하고 싶지 않아요."라는 말을 거절로 받아들이는 경향이 있기 때문에 이런 말을 공감으로 들을 수 있는 것이 중요하다. 이런 말을 개인적으로 받아들이면 상대방의 내면에서 무슨 일이 일어나는지 이해하지 못한 채 상처를 입을 수 있다.

–마셜 B. 로젠버그, 〈비폭력대화〉 중에서

상대방이 어떤 요구나 부탁을 거절하는 것은 당신을 거부하는 것이 아니다. 부탁을 무조건 수용하도록 강요한다면 관계가 악화될 것이다. 거절당했다면 이유를 물어보고 공감하는 자세를 가질 것. 상대방의 "아니요!"에 공감해 줄 것.

처방전 044 적당한 거리를 유지하자

서로를 이해할 수 있는 거리, 소유하지 않는 거리, 신뢰할 수 있는 거리, 존중할 수 있는 거리를 두어보자. 일정한 거리는 서로를 바라볼 수 있게 하고 관계를 더욱 애틋하게, 소중하게 생각하며 작은 부분을 크게 지켜내는 관계를 선물한다. 거리를 둔다는 것은 상대방과 나와의 관계를 서로 존중한다는 것을 의미한다. 존중은 서로 같을 수 없음을, 즉 각자 다르다는 것을 인정하는 것이다.

–이하늘, 〈거절 잘 하는 법〉 중에서

인간관계의 유지는 서로 간의 거리 조절에 달려 있다. 적당한 거리를 두는 것이 상대방을 존중하는 길이 될 수 있다. 가까워야 할 사람은 가까이 하고, 멀어야 할 사람은 멀리할 것. 상대방이 원하는 거리를 유지하고, 불필요한 기대를 버릴 것.

2-5

질투는 마음을 망친다

경쟁 사회에서는 열등감과 질투심이 매우 큰 원동력으로 작용합니다. 하지만 스스로를 너무 다그치다보면 쉽게 지치고, 타인을 질투하다보면 인간관계가 멀어집니다. 가령 친구들에게 기쁜 일이 생기면 축하를 해줘야 하는데 나도 모르게 속으로 질투하게 되는 거죠.

질투와 열등감과 같은 감정은 사람을 갉아먹습니다. 어떻게 해야 질투를 줄일 수 있을까요?

처방전 045 뒷담화를 끊어라

남을 헐뜯는 사람은 그 자신이 내면에 열등감을 갖고 있다. 그래서 남을 자신보다 더 못난 존재로 깎아 내리려 애쓰는 것이다. 그렇게 하면 자기 자신은 '그나마 나은 사람'이 되는 셈이니까 말이다. 하지만 현명해지길 바란다. 그런 방법은 통하지 않는다.

–록산 에메리크, 〈월요일의 기적〉 중에서

타인을 헐뜯고 욕해서 깎아내림으로써 자신이 더 올라간다고 생각하는 것은 착각이다. 구성원 서로가 헐뜯고 뒷담화를 일삼는 조직은 제대로 된 성과를 낼 수 없다. 남의 뒷담화를 하는 사람은 결국 뒷담화의 대상이 된다는 것을 명심할 것. 뒷담화를 멈추고 좋은 얘기를 할 것.

처방전 046 우월감과 열등감이 질투를 만든다

질투는 '상대방이 누리는 것'을 '내가 누렸어야 한다'고 생각하기 때문에 일어납니다. '사랑도 내가 더 받아야 하고, 내가 더 부자여야 하고, 내가 더 예뻐야 한다'고 생각하기 때문이죠. 즉 질투는 자신이 질투하는 대상보다 더 잘됐어야 한다는 우월감과 상대방보다 잘되지 못했다는 현실에서의 열등감 때문에 발생합니다.

–황미구, 〈나를 쉬게 하는 연습〉 중에서

질투는 경쟁으로 인해 생기는 자연스러운 감정이다. 하지만 노력 없이 질투만 한다면 그것은 매우 부정적인 감정이 될 수 있다. 경쟁에서 지면 정당하게 이길 방법을 생각해야 한다. 부러워하거나 질투만 하지 말고 원하는 바를 이루기 위해 노력할 것.

처방전 047 자기 자신에게 승리자가 되자

모두가 승리자가 되고 싶어 한다. 어떻게 승리할 수 있냐고? 간단하다. 이기면 된다. 당신에게 가장 가치 있고 중요한 업무 혹은 일을 제시간에 아니, 더 이상적으로 남들보다 먼저 시작해서 끝내면 당신은 이기게 된다. 이때, 당신의 뇌는 자연이 선사하는 일종의 "행복 마약"인 엔도르핀을 분비하고, 이는 당신에게 평화와 안정을 가져다준다. 승리자가 된 것처럼 느끼게 되는 것이다.

–브라이언 트레이시, 〈그냥, 닥치고 하라!〉 중에서

사람은 꼭 타인과 겨루어 승리하지 않아도 승리자가 될 수 있다. 바로 자기 자신과의 싸움에서 이기는 것이다. 자신과의 승부에서 진다고 하더라도 열등감과 질투 없이 한 층 더 성장한 자신을 볼 수 있게 된다. 스스로 성취감을 느낄 수 있는 활동을 할 것. 불필요한 경쟁에서 벗어날 것.

2-6

"우리"가 되는 대화법

인간관계는 대화에서 시작됩니다. 우리는 상대방의 마음을 읽을 수 없기 때문입니다. 하지만 많은 사람들은 대화도 없이 연인이나 배우자가 자신의 마음을 알아주기를 원합니다. 그런 기대를 갖고 있게 되면 내가 원하는 것을 받지 못할 때마다 실망하고 상대방을 미워하게 됩니다. 그리고 대화를 하더라도 서로에게 상처주지 않기 위해서는 노력이 필요합니다. 어떤 노력이 필요할까요?

처방전 048 추측을 버려라

사람들이 무슨 말을 하면 우리는 그 말을 가지고 추측한다. 만일 그들이 아무 말도 하지 않으면 이번에는 알고 싶은 욕구를 충족시키고, 소통하고 싶은 욕구를 대신하기 위해 추측을 한다. 심지어 무슨 뜻인지 모르는 말을 들었을 때소차 그것이 무슨 뜻인지 제멋대로 추측하고 그 추측을 믿어버린다. 이렇게 온갖 종류의 추측이 난무하는 이유는 사람들에게 직접 질문할 용기가 없기 때문이다.

–일레인 제임스, 〈인생을 단순하게 사는 100가지 방법〉 중에서

수십 년 같이 산 부부도 서로 대화하지 않으면 알 수 없는 일이 많다. 원활한 인간관계는 소통을 기초로 이루어지고, 다른 사람의 말을 있는 그대로 인정할 때 비로소 깊어진다. 타인에 대한 무지를 인정할 것. 추측하지 말고 먼저 질문할 것.

처방전 049 말에도 정성이 필요하다

인간관계에서 상대가 여러분이 가진 영예와 뛰어남을 받아들이지 못할 때가 있습니다. 만약 타인에 대한 참된 정성과 사랑에서 나온 말이 아니라면 몇 마디 말을 하지 않아도 불필요한 질투와 불만을 초래할 수가 있습니다. 많은 사람들이 동창 혹은 친구들 모임에서 불필요한 갈등을 만들어내는 이유는 모임을 개인의 자아를 자랑하는 기회로 여기기 때문입니다.

—팡차오후이, 〈나를 지켜낸다는 것〉 중에서

사람과의 관계에서 화를 부르는 것은 대부분 '입'이다. 인간관계가 좋다는 것은 결국 말을 잘한다는 뜻이기도 하다. 하지만 가까운 사람에게조차 말로 상처를 입히고 불편한 관계를 만드는 일이 많다. 좋은 말을 먼저 하고 상대방의 말을 좋게 받아들일 것.

처방전 050 마음은 질문해야 알 수 있다

내가 실제로 체험한 경험을 바탕으로 보면 남의 마음을 읽으려고 점을 치고, 인생 상담을 하고, 마인드 리딩을 지도하는 것은 결코 올바른 방법이 아니다. 모두 망상으로 남의 마음을 이해하려고 하는 착각 행위이다. 그럼 남의 마음을 아는 방법이 없을까? 한 가지 있다. 상대방에게 직접 묻는 방법이다. 이 또한 인정머리 없어 보이는 대답이지만 가장 정확한 방법이다.

—구사나기 류슌, 〈단순하게 생각하는 연습〉 중에서

사람은 타인의 마음을 알 수 없다. 그러니 상대방에게 직접 질문해야 한다. 섣부른 행동으로 관계를 망치지 않으려면 남의 마음을 자기 마음대로 판단하는 것을 멈춰야 한다. 상대방의 마음이 궁금하다면 직접 물어볼 것.

처방전 051 요구하지 않았다면 헤아리지 말자

표현되지 않은 요구는 만족시킬 필요가 없다. 내가 원하는 바를 분명히 말한 적 없다면 상대가 내가 뭘 원하는지 모른다고 원망해선 안 된다. 역으로 상대가 아무것도 요구하지 않았는데 내 쪽에서 알아서 헤아릴 필요도 없다. 이것이 소통의 황금률이다. 지레짐작은 이제 치워 버려라.

–크리스텔 프티콜랭, 〈나는 왜 네가 힘들까〉 중에서

다른 사람의 마음을 알 수 있다고 착각한다면 인간관계에 문제가 생긴다. 상대방을 더 잘 안다고 생각해서 기대하고 상처받기 때문이다. 상대방에게 바라는 것이 있다면 적극적으로 표현할 것. 상대방이 요구하지 않은 것을 베풀기 전에 물어보고 할 것.

처방전 052 평가 없이 들어라

평가 없이 듣기는 의외로 상당한 효과가 있습니다. 도전적이고 공격적으로 이야기하는 사람이라도 듣는 사람이 평온하게 들어주면 어깨에서 힘이 점점 빠져나갑니다. 처음부터 도전적이고 공격적으로 이야기하는 사람은 자기방어 때문에 무장해서 그런 겁니다. 있는 그대로 들어준다면 무장할 필요가 없다고 느낄 겁니다. 그러니 우선 안식처를 만들어준다면 어떨까요.

–미즈시마 히로코, 〈내가 있을 곳이 없다고 느낄 때〉 중에서

다른 사람에게 나쁜 말을 듣더라도 바로 대응하거나 감정을 일으키면 서로가 원치 않은 결과를 초래한다. 그럴 때는 아무 생각 없이 가만히 듣는 것이 좋다. 반응하지 않는 상대에게 폭언을 끝없이 쏟아낼 사람은 없다. 그대로 듣고 넘어갈 것. 무장을 해제할 것.

처방전 053 언어의 적정무게 생각하기

우린 늘 무엇을 말하느냐에 정신이 팔린 채 살아간다. 하지만 어떤 말을 하느냐보다 어떻게 말하느냐가 중요하고, 어떻게 말하느냐보다 때론 어떤 말을 하지 않느냐가 더 중요한 법이다. (……) 그래서 가끔은 내 언어의 총량總量에 관해 고민한다. 다언多言이 실언失言으로 가는 지름길이 될 수 있다는 사실을 망각하지 않으려 한다.

–이기주, 〈언어의 온도〉 중에서

말을 잘하면 빚을 갚을 수도 있지만 말을 잘못하면 완전히 망할 수도 있다. 말을 많이 하다보면 불필요하거나 하지 않았어야 할 말도 하게 되는 실수를 범하게 된다. 인간관계는 한 마디 실언으로도 깨질 수 있다. 말을 아낄 것. 언어의 총량에 대해 고민해볼 것.

2-7

진정한 인맥 찾기

혼자서 고민을 안고 사는 것은 스트레스를 지속시키는 일입니다. 정신적 스트레스를 제거하기 위해서는 마음을 열 수 있는 진정한 인간관계가 필요합니다. 다른 사람과 터놓고 이야기하는 것이 마음을 치유해 주기 때문이죠.

그렇다면 어떤 사람을 만나야 마음을 치유해 줄 수 있는 관계를 만들 수 있을까요? 우리는 진정한 인맥을 찾아보도록 노력해야 합니다.

처방전 054 공통점을 찾아서 다가가자

비슷한 가치관이나 입장을 가진 사람들은 우리에게 좋은 느낌을 준다. 대부분의 사람들은 정반대 견해를 가진 사람들보다는 비슷한 견해를 가진 사람들과 함께 있는 것을 좋아한다. 비슷하게 생각하는 사람들은 우리의 내면을 강화시켜 주는 감정을 불러일으키기 때문이다. 말하자면 주파수가 같은 셈이다.

—글로리아 벡, 〈승자의 심리전략 27〉 중에서

낯선 사람에 대해 경계심을 가지는 것은 본능이다. 하지만 자신과 닮거나 비슷한 생각을 가진 사람을 만나면 장벽을 쉽게 허물 수 있다. 그러니 처음 만나는 사람과 친해지고 싶다면 공통점을 찾을 것. 자신을 먼저 내세우지 말고 상대방을 알아가며 공감할 것.

처방전 055 인생 친구를 찾아라

성공한 사람들은 '인생을 함께할 수 있는' 친구와 '지위로 인해 생긴' 친구가 있다는 사실을 알게 된다. 인생을 함께할 수 있는 친구는 내 지위가 낮을 때나 높을 때나 아무 지위가 없을 때나 나와 함께한다. 이런 친구는 진정으로 나를 걱정하고 나와 함께하는 시간을 즐거워한다.

—켄트 케이스, 〈그래도〉 중에서

사회적 지위로 인해 생긴 친구나 친구인 척하는 가짜 친구와 인생을 함께할 수 있는 친구를 구분해야 한다. 인생 친구는 당신이 지위를 잃거나 어려워진 상황에서도 외면하지 않을 친구이다. 진정한 친구와 자주 만날 것. 깊은 관계를 유지할 것.

처방전 056 행운은 사람에게서 온다

일생 동안 얼마나 많은 사람을 만나느냐에 그 사람의 행운이 달려있다고 해도 과언이 아니다. 사람을 귀찮아하는 사람은 날로 운도 약해진다. 정신분석의 창시자 프로이트에 의하면 인간은 군거본능(집단본능)이 있다고 한다. 이는 생명력을 얻기 위한 한 방법이기 때문에 그런 본능이 진화한 것이다. 인간은 서로 경쟁하는 관계이면서도 서로에게 생명력을 주는 관계다.

—김승호, 〈돈보다 운을 벌어라〉 중에서

잘 사는 사람은 부지런히 움직여 많은 사람을 만나는 사람이다. 사람은 사람을 통해 생명력을 얻을 수 있고, 행운도 인간관계에서 나온다. 아무런 자극 없이 밋밋한 삶은 아무것도 주지 않는다. 많은 사람과 만날 것. 운의 문을 많이 열어둘 것.

처방전 057 마음에도 문단속이 필요하다

세상에 존재하는 인간 중에 100퍼센트 성인군자는 없다. 인간이라는 불완전한 존재를 100퍼센트 믿는다면 문제가 일어나는 게 당연하다. 반드시 배신당하게 된다. 그러고 나면 '인간은 100퍼센트 믿을 수 없다'는 태도로 완전히 돌아서게 된다(특히 인격장애인 사람에게는 그런 'All or Nothing' 경향이 현저하다).

—이즈미야 간지, 〈뻘을 가지고 살 권리〉 중에서

인간관계에서는 오픈 마인드가 중요하지만, 모든 사람에게는 긍정적인 면과 부정적인 면이 공존한다. 따라서 너무 긍정적인 면만 보려고 하면 부정적인 면을 받아들이기 힘들 수 있다. 모든 사람을 100퍼센트 믿지 말 것. 그럼에도 100퍼센트 믿을 수 있는 내 편을 만들 것.

처방전 058 경청해 주는 사람을 찾아라

사람은 누구나 자신을 있는 그대로 드러내고 진심을 털어놓을 장소가 필요하다. (……) 단 한 사람이라도 당신의 말에 귀기울여주고 비밀로 지켜주며 존중해준다면 우리는 조금이라도 안심할 수 있다. 당신이 유별나서 두려움을 느끼는 것은 아니다. 다른 이들도 당신과 같거나 비슷한 고민을 하며 살아간다. 그저 당신과 고민을 나누고 이야기를 들어줄 준비가 된 사람을 찾기가 어려울 뿐이다.

–세라 퀴글리 · 메릴린 시로여, 〈괜찮다고 말하면 달라지는 것들〉 중에서

타인은 당신의 마음을 제대로 알 수 없다. 마음은 진심으로 말해야 하는 것이다. 특히 말 못할 고민은 말을 해야만 해소할 수 있다. 만약 진심으로 대화할 상대가 없다면 마음의 짐을 혼자 안고 살아가게 된다. 속마음을 털어놓을 수 있는 상대를 만날 것.

처방전 059 먼저 손길을 내밀자

이상하지만 사회는 진짜 도움이 필요한 사람이 아니라 이미 인맥이나 능력을 가진 사람에게 손을 내밉니다. 은행이 중소기업이 아닌 대기업에 대출을 해 주고 싶어 하는 것과 같습니다. 강력한 네트워크는 정말로 도움이 필요한 사람에게 손길을 내밀어 쌓을 수 있는 것입니다. 우리는 도움이 필요한 사람을 외면하지 않고 손길을 내밀 수 있는 사람이 되어야 합니다.

–하세가와 마사아키, 〈굳은 생각 깨부수기〉 중에서

인맥이 필요한 것은 정신적이든 물질적이든 교류와 도움을 주고받기 위해서이다. 사회적으로 강력한 인맥은 어려울 때 서로 도와줄 수 있는 인맥이다. 이런 인맥은 본인이 먼저 도움을 줄 때 만들 수 있다. 당신에게 필요한 사람만 찾지 말고 당신을 필요로 하는 사람을 만날 것.

2-8

거절과 이별도 괜찮아요

거절할 줄 모르면 시간을 낭비하게 됩니다. 대표적인 것이 술자리입니다. 우리나라 사람들은 정이 많아 헤어지기 아쉬워하며 술자리를 자주 가집니다. 그런 자리를 통해 정이 쌓이는 것은 사실이지만, 휴식시간을 빼앗기게 되고 피로가 계속된다면 거절하는 것도 중요합니다. 때로는 거절과 이별도 인간관계의 미덕이 될 수 있습니다.

처방전 060 때로는 거부할 줄 알아야 한다

거부할 줄 아는 것은 인생의 위대한 규칙이다. 더욱 중요한 규칙은 사업이나 인간관계에서 거절할 줄 아는 것이다. 귀중한 시간을 좀먹는 기괴한 일들이 있다. 부적당한 일에 몰두하는 것은 아무 일도 안 하는 것만 못하다. 사려 깊은 자에겐 자신의 본분을 지키는 것만으로는 충분치 않다. 사려 깊은 자는 남이 자신에게 부당한 일을 강요할 수 없게도 해야 한다.

—발타자르 그라시안, 〈세상을 보는 지혜〉 중에서

자기 관리에서 가장 중요한 것은 거절할 줄 아는 것이다. 거절해도 되는 남의 일을 하는 것은 완전한 시간 낭비이다. 거절을 통해 아무 일이나 요청하지 못하도록 하는 것이 다른 사람에게 진정으로 인정받고 인간관계를 가꿀 수 있는 길이다. 거절의 필요성을 생각할 것.

처방전 061 이별하는 능력을 길러라

우리는 평생을 통해 수많은 인연을 쌓는다. 삶을 가로지르는 무수한 인연들 중에 어떤 인연이 과연 좋은 인연일까 생각해 보면 시작이 좋은 인연이 아니라 끝이 좋은 인연이 참으로 좋은 인연이라는 생각을 하게 된다. 인연 따라 와서 인연 따라 가는 사람들을 어찌 막을 수 있을까마는 그 인연의 끝을 어떻게 매듭짓는가는 그 사람에게 달려있다.

–혜민, 〈젊은 날의 깨달음〉 중에서

인연의 끝이 다가오는 것은 어쩔 수 없지만, 그 끝을 어떻게 보내는가는 자신에게 달려 있다. 상대방에게 좋은 사람으로 기억되려면 이별하는 능력도 중요하다. 자신이 만나는 모든 인연을 소중하게 여길 것. 그리고 그 끝을 좋게 매듭짓고 추억할 것.

처방전 062 이별도 경험이다

서로의 다른 점을 받아들이지 못해서 누군가와 끊임없는 갈등이 일어나지는 않은가? (……) 관계를 끊는다는 건 고통스러운 일이지만 피할 수 없는 일을 계속 끌고 가는 것도 고통스럽기는 마찬가지이다. 건강하지 못한 관계에 작별을 고할 때(최대한의 예의를 갖추어) 두 사람 모두에게 새로운 경험의 문이 열린다는 것을 기억하라.

–모린 스턴스, 〈용기의 심리학〉 중에서

인간관계는 기본적으로 서로 맞지 않는 부분이 있어도 최대한 좋게 이끌어가려는 노력이 필요하다. 하지만 계속해서 고통을 주고받는 관계라면 과감히 정리해야 한다. 서로의 발전을 위해 예의를 갖추어 관계를 정리할 것. 더 좋은 사람을 만날 거란 믿음을 가질 것.

증상 3

무기력과 의욕 상실

감정을 너무 억제하고 살다보면 자신에게 어떤 감정이 있는지 잊게 될 수 있습니다. 감정은 기본적인 인간의 욕구입니다. 우리에겐 하고 싶지 않은 일을 하지 않을 자유가 있고, 하고 싶은 일을 할 자유도 있습니다. 자신의 욕구에 따라 자유를 추구해야 행복에 더 가까이 다가갈 수 있습니다.

하고 싶은 것이 없고, 삶에 대한 의욕을 상실한다면 그대로 남의 인생을 살게 되는 것입니다. 잃어버린 의욕, 어떻게 해야 찾을 수 있을까요?

3-1

시작하는 힘을 기르기

도전은 언제 시작하고 기다려야 하는지를 아는 능력에 있지 않습니다. 도전은 시작하는 습관에 있습니다. 의욕을 잃어버린 사람에게 가장 힘든 일은 바로 시작하는 것입니다. 계획을 행동으로 옮기는 것이 어려운 것처럼 시작하는 것은 누구에게나 어려운 일입니다. 시작이 반이라는 말도 있지요. 시작할 수 있는 힘을 기르려면 어떻게 해야 할까요?

처방전 063 인생이라는 답안지를 채우자

시험문제 중에는 'OX 문제'라는 것이 있습니다. 맞는 답인지 틀린 답인지 선택하는 것이죠. 아무것도 쓰지 않으면 점수는 없습니다. 일이든 공부든 마찬가집니다. 인생은 'OX 문제'를 푸는 것과 같습니다. 하여튼 뭔가를 써야 합니다. 그런데 '난 운이 없는 놈이야'라고 생각하는 사람은 답안지에 답을 쓰지 않는 것과 같습니다.

—사이토 히토리, 〈운이 좋다〉 중에서

자신을 '운이 나쁜 사람'이라고 단정 짓고 아무것도 하지 않는 것은 좌절감의 원인. 인간은 대부분 좋은 기억보다 나쁜 기억을 오래 간직하는 습성이 있다. 하지만 살아 있는 사람으로서 인생을 살아가기 위해서는 끊임없이 도전하고, 실패하거나 성공해야 한다. 인생이라는 답안지에 자신만의 답을 쓸 것. 인생을 백지로 방치하지 말 것.

처방전 064 자신이 어디에 있는지 인지하기

기하학幾何學에서는 "점과 점을 연결하는 것이 직선이고, 직선이 두 점을 연결하는 최단 거리이다."라고 한다. 우리 인생에 있어서도 출발점이 확정되고, 목표점이 확실하게 정해지면 두 점을 잇는 직선이 자연스럽게 나타난다. 지금, 내가 처해 있는 이 상황이 바로 내 인생의 출발점이다.

–居士 김규덕, 〈개(犬)는 개(犬)같이 살아야 행복하다〉 중에서

무언가를 시작할 때 느끼는 난관 중 하나는 바로 막막함. 어떤 곳을 향해 출발할 때 자신의 위치를 잘 모른다면 길을 정할 수 없고, 계획도 세울 수 없다. 그러니 우선 목표 이전에 자신이 어디에 있는지 아는 것도 중요하다. 자신이 처한 현실을 철저히 인식하고 인정할 것. 출발점을 파악하고 나서 목적지로 향할 것.

처방전 065 관성의 법칙을 믿어라

언제나 첫 시작이 가장 어려운 이유는 실행과 약속이라는 어마어마한 무게가 거기에 실려 있기 때문이다. 어떤 일을 시작하고 나면 그것을 성공시키기 위해 어떻게든 본래의 목표를 달성해야만 한다는 생각을 하게 된다. 그래서 버겁게 느껴지는 일이라면 애초에 시작조차 하지 않으려 하는 것이다. 많은 사람들이 끝내지 못할 일은 시작도 않으려 한다.

–스티븐 기즈, 〈습관의 재발견〉 중에서

작심삼일은 인류의 유구한 습관. 첫 시작은 의욕도 불러일으키지만, 실패에 대한 두려움을 더 크게 일으킨다. 하지만 실패보다 더 나쁜 건 아무것도 시작하지 않는 것이다. 막상 시작하면, 시작하기 전에 느꼈던 두려움은 점점 사그라든다. 관성의 법칙으로 첫발을 떼면 앞으로 수월하게 나아갈 수 있다. 두려움을 이겨낼 것. 작은 일부터 하나씩 시작할 것.

처방전 066 너무 다급하게 생각하지 말자

긴급해 보이는 일들을 당장 처리하지 않는 진짜 이유는 인간의 본성에 있다. 인간은 긴급함이 안락함을 제한하고 압박을 가한다는 사실을 본능적으로 안다. 행복을 추구하려면 자신을 짓누르는 압박을 가능한 한 줄여야 하기 때문에, 인간은 아무리 긴급한 일이라도 피할 방법이 있을지 찾아내려 애쓴다.

–카르린 파시히 · 샤샤 로보, 〈무계획의 철학〉 중에서

일을 해내는 것보다는 삶의 균형을 지키는 것이 중요한 관건. 당장 하지 않으면 큰일 나는 일은 실제로 많지 않다. 일에 대한 압박감에 시달리며 무조건 빨리 해치우는 것은 좋지 않다. 정신없이 시작하는 것보다는 여유를 갖고 일에 임하는 것이 더 효율적이다. 중요한 일을 놓치지 말 것. 최대한 집중력을 끌어모을 것.

처방전 067 완벽주의를 버리자

마음 한구석에 오랫동안 간직해온 어떤 영화의 시나리오를 쓰거나 꿈꾸던 드레스를 디자인하고 싶다면, 어떻게 완벽한 결과물을 만들 것인가에 집착해서는 안 된다. 바로 그런 이유 때문에 수많은 사람들이 활동을 멈추고 결코 시작조차 하지 못하는 것이다. 처음부터 완벽하게 만들고 싶다는 욕망을 버려라! 대신 시나리오나 드레스의 시제품을 만드는 중이라고 자신에게 말하라.

—버나드 로스, 〈성취 습관〉 중에서

완벽주의는 시작을 막는다. 누구나 그런 경험이 있을 것이다. 처음부터 완벽한 성공만을 바라는 것은, 시제품 없이 완성품을 만들려고 하는 것과 같다. 사람은 완벽할 수 없다. 첫 시작은 작은 시제품으로 시도할 것. 완벽주의를 버리고 가벼운 마음으로 시작할 것.

3-2

도전 정신 파헤치기

모든 꿈은 성취가 가능하다고 합니다. 그러나 그 대가를 지불할 수 있는지를 먼저 헤아려봐야 합니다. 꿈의 결과를 따져보고, 그에 대한 가치도 따져봐야 합니다. 그 다음에는 도전하는 일이 남아 있습니다. 도전은 대가를 치르는 일입니다. 여러분에게도 한 번쯤 도전해 볼만한 꿈이 있으신가요? 도전 정신에 대해 알아보면 용기가 생길 겁니다.

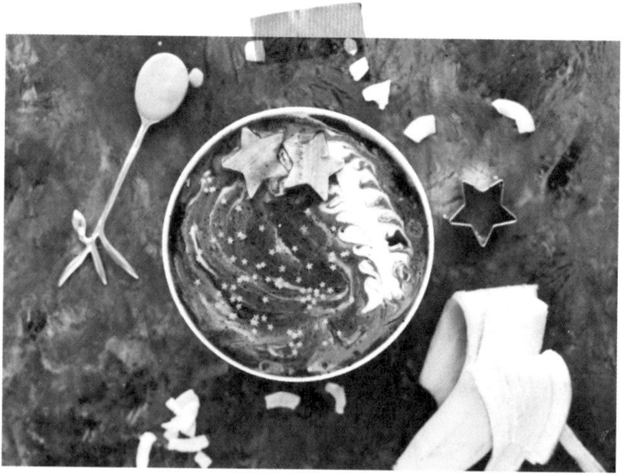

처방전 068 인생의 리허설을 준비하자

남극의 펭귄도 기나긴 겨울에는 주로 생식과 양육을 하면서 보내고, 여름에는 활발한 사냥 활동을 한다. 이들은 거의 고단백 식사를 하며 몸의 크기를 키운다. 이렇게 비축한 영양분은 추운 겨울을 보낼 든든한 밑천이 된다. 결국 펭귄이 혹한의 겨울을 잘 이길 수 있는 것은 겨울을 위한 준비의 결과라고 할 수 있다. 바로 남극의 여름에 하프타임을 가지며 겨울을 위한 리허설을 한 것이다.

–박호근, 〈인생에도 리허설이 있다〉 중에서

준비 없이 이루어지는 것은 없다. 배우들이 무대에서 완벽한 연기를 보일 수 있는 이유는 수많은 연습과 리허설에 있다. 위대한 연주자들은 모두 연습의 달인이다. 철저한 연습과 리허설도 준비할 것. 든든한 마음으로 도전할 것.

처방전 069 가치 있는 일은 당연히 어렵다

성과로 이어지는 가치 있는 일들을 깊이 생각해보자. 분명 그런 업무 중 상당수는 아주 어렵거나 불쾌한 측면이 있다는 점을 알게 될 것이다. 혹은 중요한 일일수록 항상 고충이 따른다는 사실을 깨달을 것이다. 한편 그다지 가치가 없는 활동을 조사해보면, 그런 일들이 일상적이고 전혀 위협적이지 않으며 심지어 즐거울 수도 있다는 사실을 발견할 것이다.

–위르겐 볼프, 〈버리고 시작하라〉 중에서

도전하는 것은 걷지 않고 뛰는 것이다. 남들이 뛰고 있을 때, 그저 걸어갈 것인가? 가치 있는 도전에는 그만한 대가와 에너지가 요구된다. 쉬운 성공은 없다. 노력하고, 또 노력할 것. 가치 있는 일에 도전할 것.

처방전 070 젊은 야망을 가져라

신념의 한 가지 지배적인 특성은 야망이다. 아무리 젊어도 야심이 없으면 그 사람은 늙은 것이다. 늙었더라도 야심이 있으면 그는 정신적으로 아직 젊은 것이다. 성취하고, 창조하고, 성장하기를 더 이상 원하지 않을 때, 그냥 되는 대로 살아가는 데 만족할 때, 그 사람은 늙음을 체험하고 있는 것이다. 무엇이 되고, 무엇을 하고, 무엇을 소유하려는 욕망을 버릴 때 그 사람은 늙는 것이다.

–단 카스터, 〈정신력의 기적〉 중에서

야망을 잃는다는 것은 새로운 시도를 하지 못하게 되는 원인. 건전한 욕망은 인간을 발전시킨다. 정신적으로 늙는 것은 실패와 좌절 때문이 아니라 포기 때문이다. 야망을 갖고, 도전할 것. 새로운 목표에 도전하여 청춘을 사수할 것.

처방전 071 한계를 말하기 전에 노력하자

'필사적必死的'이라는 말이 있다. '필사'란 글자 그대로 풀면 '반드시 죽는다'는 뜻이다. 예를 들어, '이 일을 해내지 못하면 사흘 후에 총살형에 처해질 것이다'라고 말하면 누구나 죽을힘을 다하게 된다. 죽을 각오를 하고도 해내지 못했다면 그것이 자신의 한계인 것이다. 필사적이라는 말에는 그런 뜻이 담겨 있다.

–사이토 히토리 · 시바무라 에미코, 〈그릇〉 중에서

대부분의 사람들은 한계까지 도전해 보지 않고 한계를 논한다. 가벼운 운동으로는 근육을 키울 수 없듯, 한계를 넘으려면 노력이 우선시 되어야 한다. 능력 부족을 탓하기 이전에 노력 부족을 탓할 것. 매 순간 죽을힘을 다해 한계에 도전할 것.

처방전 072 약점을 먼저 파악하라

내 경험으로 볼 때 사람들이 성장하고 증진하는 데 실패하는 주요 원인은 딱히 능력이 부족하기 때문이 아니다. 그보다는 자신이 지닌 기량이 어느 만큼인지 혹은 기량의 역부족을 잘 알지 못하기 때문인 경우가 더 많다. (……) 성공의 핵심은 우선 자신의 약점을 깨달은 후 이에 대처하려는 의욕을 갖는 것이다. 일단 이 도전을 받아들이려고 마음먹고 나면 엄청난 성장을 이룰 수 있다.

–로버트 스티븐 캐플런, 〈나와 마주서는 용기〉 중에서

강점을 개발하는 일도 중요하지만, 약점을 보완하는 일도 소홀히 해서는 안 된다. 약점을 파악하고 대처하는 것이 자신에 대한 참된 도전이다. 용기를 내어 약점을 인정할 것. 그것을 극복하기 위해 노력할 것.

처방전 073 이루기 어려운 꿈을 가져보자

가능한 일은 우리에게 꿈이 될 수 없다. 꿈은 '할 수 없을 것 같은 것들' 중에 있다. '할 수 있다/없다'의 기준으로 생각하는 한 꿈이 넘치는 인생을 기대하기란 어렵다. 예를 들어, 야구선수가 되고 싶은 아이라면 '이치로 선수처럼 되고 싶다'고 말하지, '동네야구선수가 되고 싶다고' 생각하지는 않는다. 이치로 선수는 프로 중의 프로라서 쉽게 될 수 있는 존재가 아니기 때문에 목표가 된다.

—이쿠타 토모히사, 〈변화의 힘〉 중에서

이루기 쉽거나 당장 할 수 있는 일은 꿈이 아니다. 꿈은 쉽게 이룰 수 없기 때문에 가치 있다. '할 수 있는가/할 수 없는가'를 따지지 말고, '할 것인가/하지 않을 것인가'로 기준을 다시 세울 것. 현재로선 불가능해 보이는 꿈을 꿀 것. 그렇게 자신의 한계에 도전할 것.

3-3

다른 길도 걸어보기

우리는 한 우물만 파야 한다는 말을 자주 듣습니다. 하지만 정말 한 우물만 파야지만 성공에 가까워질까요?

이런 믿음은 새로운 시도를 하지 못하게 막는 걸림돌이 될 수 있습니다. 한 우물을 파는 것이 무조건 최선은 아닙니다. 이 길이 아닌 것 같으면 다른 길을 가 볼 수도 있는 것이 인생 아닐까요?

처방전 074 인생의 핸들을 돌려라

인생의 핸들을 잡고 있는 것은 당신 자신이다. 핸들을 오른쪽으로 꺾는 것도, 왼쪽으로 꺾는 것도 당신의 자유다. 단, '목적지'를 확실히 하지 않으면 길을 잃을 수도 있다. 꿈을 반복 낭송해서 뇌에 목적지를 알려주어라. 그러면 당신은 길을 잃지 않고 결승점에 도달하게 될 것이다.

–사토 도미오, 〈기적의 입버릇〉 중에서

인생을 자동차에 비유한다면, 목표는 바로 목적지이다. 목적지는 언제든지 수정 가능하다. 목적지가 달라지는 것과 길을 잃는 것은 다르다. 인생의 핸들은 당신만이 돌려야 한다. 다른 사람의 목적지가 아닌 당신만의 목적지를 찾을 것.

처방전 075 최고가 되지 않아도 된다

연예인 모두가 스타가 될 수 없듯이, 우리 모두가 1등이 될 수는 없다. 그런 1등도 영원히 그 자리를 지킬 수는 없고 모든 분야에서 최고가 되는 것도 불가능하다. 그렇다면 2등, 3등을 선택하고 편하게 사는 게 낫다. 그것도 안 돼서 4등을 선택해야 한다면 아예 포기하는 것도 한 방법이다.

–임우택, 〈한 걸음만 더〉 중에서

1등만을 기억하는 냉혹한 사회에서 지치지 않는 방법은 1등을 포기할 줄 아는 것. 한 우물만 파면서 정상을 유지하는 것도 좋지만, 그것이 정답은 아니다. 길게 사는 인생, 여유를 가지며 살아갈 것. 꼭 1등이 되지 않아도 된다고 되뇔 것.

처방전 076 줄이 짧은 곳을 찾아보자

아무도 가지 않은 길을 처음으로 헤쳐 나가는 일이 쉬울 리 없겠지요? 그러나 그처럼 멋진 일이 세상에 어디 또 있겠습니까? 남들이 다 가는 길로 가지 말고 나만의 길을 개척하기 바랍니다. 장래 어떤 직업을 택할까, 대학에서 어떤 전공을 할까 고민하는 친구들에게 나는 줄이 짧은 곳에 가서 서라고 권하고 싶습니다.

–최재천, 〈손잡지 않고 살아남은 생명은 없다〉 중에서

모두가 같은 방향으로만 간다면 줄을 길게 설 것이다. 그곳은 공무원 시험처럼 경쟁률이 치열한 길이다. 경쟁이 덜한 곳을 찾아내서 노력하면 대기시간도 줄어들 것이다. 때로는 남들과 다른 길, 즉 자신만의 블루 오션을 찾아보도록 할 것.

처방전 077 리셋 버튼 누르기

공부든, 일이든, 관계든 꾸준하게 이어가기 어렵다는 생각이 들거나 시간 낭비라고 여겨진다면 과감하게 접는 것도 방법이다. 과거는 이미 지나갔다. 본전 생각에 매달려 있는 한, 지금은 물론 앞으로도 자유를 누릴 수 없다. (……) 이럴 때 필요한 게 리셋 버튼이다. 지금 바로 과감하게 리셋 버튼을 눌러야 앞으로 이어질지도 모를 인생 낭비로부터 나를 지킬 수 있다.

–한상복, 〈어른의 것〉 중에서

사람은 언제나 옳은 선택을 할 수 없다. 따라서 자신의 선택이 잘못되었다는 것을 깨달았을 때 과감하게 리셋 버튼을 누르는 자만이 인생 낭비로부터 자신을 지킬 수 있다. 무언가 잘못되었다는 생각이 든다면, 원점으로 돌아가 다른 길을 찾을 것. 새로운 출발점에 설 것.

처방전 078 잡동사니에서 끝나지 말자

잡동사니는 젊은 날에 어울리는 단어다. 이십 대는 다양한 경험을 할 만큼 이것저것 눈길 가는 것들이 많다. 처음부터 한 가지만을 고집하지 않는다. 다양함 속에서, 수없이 많은 길 중에서 진짜 내 길을 발견하는 탐색의 시기다. 하지만 나이 들어서도 전문성 없이 잡동사니로 흐른다면 인생에서 결실을 보지 못할 것이다.

—서정현, 〈인생 편집〉 중에서

인생에서 다양한 길을 선택하고 경험해 보는 행위의 최종 목표는 바로 '자신만의 길'이다. 사람마다 자신의 길을 정하는 시기는 다르지만, 인생이 끝날 때까지 잡동사니에 묻힌 채로 머무르면 안 된다. 어느 정도 경험이 쌓이면 잡동사니를 걷어낼 것. 집중할 분야를 선택할 것.

3-4

자신만의 속도 찾아가기

현대 한국 사회를 살아가는 한국인들은 '빠름의 미덕'을 중요시 합니다. 무조건 빠른 게 좋은 것입니다. 하지만 이제는 슬로라이프에 대해서도 생각해 봐야 하지 않을까요?

슬로라이프란 자신의 속도로 살아가는 것입니다. 주변 사람과 자기 자신을 기다려주고, 자연계의 시간과 맞추어서 살아가는 것이죠. 빠른 것이 능사는 아닙니다. 여러분만의 속도를 찾아보세요.

처방전 079 속도보다는 길이 중요하다

인생의 길을 달릴 때, 다른 사람들은 전력을 다해 달려가는데 "나는 좀 천천히 갈게요. 먼저 가세요."라고 말할 수 있다면 그는 자신만의 길을 가는 사람일 것이다. 그렇게 말할 수 있을 때 다른 사람들을 따라가야 한다는 생각도, 남들과 비슷한 정도의 수준을 유지해야 한다는 부담도 욕심도 사라진다. 자기만의 속도로 살아갈 때 삶은 두렵지 않다.

–안상헌, 〈두려워 마라 지나고 나면 별것 아니다〉 중에서

인생이라는 마라톤에서 중요한 것은 속도가 아닌 완주이다. 남들 따라 빨리 가다보면 놓치는 것이 생기고, 자신만의 방향과 목표를 상실할 수도 있다. 남들이 아닌 자신의 기준으로 생각할 것. 자신이 정한 코스를 완주할 것.

처방전 080 속도를 줄이고 내용을 만들어라

이것만은 확실하게 짚고 넘어가자. 지구에 살고 있는 사람 가운데 '살아갈 시간이 너무 많으니 어서 빨리 지나갔으면' 하고 죽는 날을 손꼽아 기다리는 사람은 아무도 없다! 그럼에도 우리는 앞으로만 나아가려고 한다. "별일 없으시죠?"라는 흔한 인사에 "아, 바쁘게 지내려고요"라고 대답한다. 하루 24시간이 빠듯하기나 한 듯 분주하게 지내지 않으면 안 된다고 생각한다.

–앤디 코프 · 앤디 휘태커, 〈자체발광의 기술〉 중에서

인생의 끝은 죽음이다. 삶은 결승점에 빨리 도달해야 하는 경주가 아니다. 그러므로 속도를 줄이고 내용을 만들 것. 살아가는 과정을 자신만의 의미로 알차게 채워나갈 것.

처방전 081 목표라는 속도계를 만들어라

자동차가 얼마나 빠른 속도를 달리는지를 알 수 있게 해주는 것은 속도계다. 만약 우리가 수행하는 일의 가치나 발전 정도를 수치화하여 속도계처럼 볼 수 있다면, 우리는 목표에 도달하기 위해 더 속도를 올릴지, 과속 중이니 속도를 조금 늦출지를 판단할 수 있을 것이다. 달성하려는 목표를 재고해 볼 수도 있고, 발전을 위해 필요한 것이 무엇인지를 찾아낼 수도 있다.

–박용후, 〈관점을 디자인하라〉 중에서

인생이 속도계 없는 자동차라면, 중간중간 속도를 알 수 있게 해 주는 것이 바로 목표이다. 자신이 설정한 목표까지 얼마만큼의 시간이 걸렸는지 생각하면서 다음 목표를 정한다면, 좀 더 알찬 삶을 보낼 수 있다. 스스로 목표를 세워 인생의 속도를 알아갈 것. 속도계를 만들 것.

처방전 082 브레이크 밟는 연습을 하자

요즘 직장인들에게 필요한 것은 '엑셀을 밟는 기술'이 아니라 오히려 '브레이크를 거는 기술'입니다. 모든 사람들이 일상적으로 교감신경만 자극하고 있기 때문에 이제 엑셀을 밟지 않아도 큰 문세는 없습니다. '앞으로 나아가자', '위로 올라가자'며 마음 졸이지 말고, 주변으로 시선을 돌리고 속도를 줄여 느긋하게 가는 기술을 익혀야 합니다.

–고바야시 히로유키, 〈하루 세 줄, 마음정리법〉 중에서

빠르게 달리는 차 안에선 바깥을 제대로 구경할 수 없다. 인생은 목적지보다 과정이 중요한 여정이다. 지나간 풍경은 다시 볼 수 없다. 너무 빠르게 달리고 있다면, 조금씩 속도를 줄여가면서 여유를 되찾을 것. 무리하지 않고 건강한 삶을 살아갈 것.

처방전 083 속도를 줄이면 시야가 넓어진다

과속운전이 위험한 이유는 시야가 좁아져서 안전을 확보하기 어려워서다. 시야가 좁아지면 돌발 위험에 제대로 대처하기 힘들다. 삶의 속도를 늦추면 시야가 넓어지고 전체를 볼 수 있는 큼직한 사고력이 생긴다. 빠름에서 벗어나 더 좋음으로 향하는 더 느림의 길로 가야 한다. 조금만 더 속도를 늦추자.

–가현정, 〈더 느림〉 중에서

인간은 경주마가 더 빨리 달리도록 만들기 위해 옆을 보지 못하도록 가림막을 채운다. 현대인에게도 같은 원리가 적용된다. 그러니 지금보다 속도를 늦춰야 시야가 넓어지고, 사고력이 생긴다. 자신을 제대로 돌보고 속도를 제어할 것. 주변을 살피고 충분히 성찰할 것.

3-5

인생에 지각은 없다

의욕을 잃어버리고 무기력해진 사람들 중엔 자신이 꿈을 이룰 시기를 놓쳤다고 생각하는 사람들이 많습니다. 즉, 자신이 지각을 해버렸다고 생각하고 자포자기식으로 살아가거나 불안해하는 것이지요.

하지만 요즘은 백세시대입니다. 인생 이모작, 삼모작도 할 수 있는 시대에 지각이란 없습니다. 중요한 것은 나이가 아니라 마음가짐입니다.

처방전 084 주어진 것들을 먼저 살펴보기

당신의 직업이 무엇이든 반드시 알아야 할 현실이 있다. 어떤 일이든 일단 착수하고 나면, 아무리 아귀가 들어맞아 보여도 그것을 성사시킬 기회의 문은 아주 좁다. 그래서 처음부터 계산이 현실적으로 맞아떨어지지 않는다면, 그 일이 성사될 확률은 거의 제로에 가깝다.

–로버트 링거, 〈세상의 모든 거북이들에게〉 중에서

꿈을 꾸는 것은 자유이지만, 그것을 이루는 것에는 현실이 많은 영향을 준다. 쉬운 일만 골라서 하면 발전이 없고, 어려운 일만 골라서 하면 성과가 없다. 일의 강약을 조절할 것. 자신의 능력과 현실을 고려하여 목표를 세울 것.

처방전 085 기다리지 말고 행동하자

반드시 오는 것은 기다릴 필요도 없다. 예를 들어 죽음 같은 것은 기다릴 필요가 없는 것이다. 또한 오지 않는 것은 기다릴 필요가 없다. 올지, 오지 않을지 모르는 것은 기다려도 소용없다. 행운 같은 것은 말 그대로 행운인 것이다. 올지, 오지 않을지 그 누구도 알 수 없는 일이다.

–키하라 부이치, 〈강한 나를 만드는 냉정한 지혜〉 중에서

무언가를 기다린다는 것은 지루한 일이다. 그러나 많은 사람들이 예상치 못한 행운처럼 불확실한 것을 무작정 기다린다. 하지만 바라는 것이 있다면 그것을 얻기 위한 행동을 해야 한다. 감나무 밑에서 감이 떨어지길 기다리지 말 것. 나무에 올라가 직접 감을 딸 것.

처방전 086 진짜 꿈을 찾아라

중국어를 배우고 싶다고 하면서 10년째 중국어를 배우지 않는 사람에게 중국어 배우기는 진짜 꿈이 아닙니다. 건강을 위해 운동을 해야지, 하고 말만 하는 사람도 마찬가지로 운동하는 것도 그 사람에게는 진짜 꿈이 아닙니다. 진짜 꿈은 누가 시키지 않아도 하는 것이며, 진짜 꿈은 잠을 줄여서까지도 할 수 있는 것입니다.

–김우태, 〈오늘도 조금씩〉 중에서

자신이 진짜 꿈을 가지고 있다면, 그 꿈을 위해 노력하고 있어야 한다. 아주 작은 노력이라도 상관없다. 꿈을 이루기 위해 아무런 행동도 하지 않고 있다면 그것은 진짜 꿈이 아니다. 꿈은 행동으로 이루어진다. 헛된 꿈에서 벗어나 진짜 꿈을 위해 노력할 것.

처방전 087 기다림의 가치를 생각하자

최상의 제품은 결코 할인하는 법이 없는 고급 매장처럼 어떤 사람들은 할인율이 아주 낮아서 커다란 보상을 마음에 담아두고 기다릴 줄 안다. 반면에 그저 빨리 현금을 손에 넣으려고 가격을 90퍼센트까지 할인해주는 점포정리 판매처럼 미래 보상의 할인율이 아주 높은 사람들은 당장 얻을 수 있는 만족의 약속을 거부하지 못한다.

—켈리 맥고니걸, 〈왜 나는 항상 결심만 할까?〉 중에서

당장의 욕구와 감정을 위해 살아가는 것보다 오히려 미루는 것이 좋은 경우도 있다. 지금 바로 어떤 성과가 없다고 해서 좌절해서는 안 된다. 그릇이 큰 사람에겐 그만큼의 시간이 필요한 법. 서두르고 초조해하지 말 것. 다만 꾸준히 노력할 것.

처방전 088 미래를 객관적으로 보기

희망은 언제나 미래를 이야기한다. 하지만 희망이 언제나 좋은 것은 아니다. 희망은 미래에 어떤 일이 일어나 내 인생을 바꾸어주리라는 기대 속에 나를 가두어버리기도 한다. 마찬가지로 희망 없음이 꼭 절망을 의미하는 것은 아니다. 희망 없음은 우리에게 지금 이 순간을 있는 그대로 바라보게 하며 (……).

–대니얼 고틀립, 〈마음에게 말 걸기〉 중에서

인생에 있어 빠르게 성공한 사람은 분명 있다. 하지만 모든 이가 빨리 성공할 필요는 없다. 빨리 성공해야 한다는 부담을 버리고 미래를 객관적으로 생각하면, 늦었다고 생각한 일도 그렇게 늦지 않았을 것이다. 너무 조급하게 생각하지 말고 천천히 주변을 살피면서 전진할 것.

증상 4

밤마다 찾아오는 고민

사람은 감정을 느끼는 동물입니다. 살아오며 계속 형성되어 온 습관과 지금까지 쌓인 기억들은 감정을 만드는 데 큰 영향을 미칩니다. 지금 몹시 기분이 안 좋다면, 지난 시절의 여러 가지 다른 일들도 함께 영향을 주는 겁니다.

인생이 복잡해지면서 고민거리는 날로 늘어가고, 잠 못 드는 밤이 계속됩니다. 어떻게 해야 밤마다 뒤척이게 만드는 나쁜 기억을 없애고 감정을 조절할 수 있을까요?

4-1

과거를 되새김질하는 밤

우리의 일상은 반복되는 일이 많기 때문에 특별한 일들만이 기억에 남게 됩니다. 크게 보면 좋은 일과 나쁜 일입니다. 하지만 많은 사람들이 나쁜 일, 잘 안 되었던 일을 더 많이 기억하고 집착하게 됩니다. 밤마다 과거를 떠올리는 것이죠. 어떻게 해야 떨쳐버릴 수 있을까요?

처방전 089 좋았던 기억을 떠올리자

우리는 살면서 겪은, 잘 안 되었던 일은 너무 많이 생각하고 잘 되었던 일은 별로 생각하지 않는다. 물론 때로는 잘 안 됐던 일을 분석하고 그것을 통해 교훈을 얻고 앞으로 그런 일을 피하는 것은 합리적이다. 그러니 사람들은 잘 안 됐던 일에서 도움이 될 만한 것을 찾기보다는 그 일을 곰곰이 생각하는 데 더 많은 시간을 보내는 경향이 있다. 더 나쁜 것은, 부정적인 사건에 그렇게 몰두하다 보면 불안하고 우울해진다.

–마틴 셀리그만, 〈마틴 셀리그만의 플로리시〉 중에서

일이란 누구에게나 잘 될 때도 있고 잘 안 될 때도 있는 법. 중요한 것은 당신이 어떤 일을 더 많이 생각하느냐에 따라 현재와 미래도 달라질 수 있다는 것이다. 안 좋은 일만 100퍼센트로 일어난 사람은 없다. 단 1퍼센트라도 좋았던 기억을 떠올릴 것.

처방전 090 기억의 쓰레기를 치우자

이 호흡과 마찬가지로 망각이 먼저여야 한다. 쓸데없는 것을 잊지 않으면 새로운 사고를 할 수 없기 때문이다. 새로운 기억에 방해가 되고, 마음의 활동에도 악영향을 끼친다. 특히 중노년이 되면 필요 없는 정보나 오래전에 유통 기한이 지난 지식 등 '기억의 쓰레기'가 쌓인다. 싫은 기억도 달라붙어 있을지 모른다. 이것을 대청소하지 않으면 두뇌의 활동이 둔해진다.

—도야마 시게히코, 〈자네 늙어봤나 나는 젊어봤네〉 중에서

생각하기 싫은 기억까지 모두 생생하다면 인생을 편안하게 살아갈 수 없다. 어떤 일이 기억나지 않는다면 너무 심각하게 생각할 필요는 없다. 그저 머리에 있는 쓰레기가 청소되었다고 생각하면 그만이다. 불필요한 과거의 기억을 청소할 것. 기억의 쓰레기를 버릴 것.

처방전 091 과거의 포로가 되지 말자

우리가 과거의 포로가 되는 과정을 보면 참 놀랍다. 예컨대 당신이 누군가를 만났을 때 흔히 "어떻게 지내?"라고 물어본다. 그러면 "엉망이야."라는 대답이 나올 수 있다. 이 대답은 무엇을 뜻할까. 그것은 대체로 그 사람이 고약한 하루를 보냈다는 것을, 과거를 현재로 옮기고 있다는 것을 뜻한다. 부디 그렇게 하지 말기를 바란다.

–아잔 브람, 〈아잔 브람 행복론〉 중에서

과거에 대한 집착은 우울증을 낳는다. 나쁜 일을 기억하면 앞으로도 나쁠 것 같고, 좋은 일을 기억하면 현재가 아쉽기 때문이다. 우울한 사람은 현재를 바꿀 노력도 버거워진다. 과거를 바꿀 수는 없지만, 과거를 다루는 방법은 바꿀 수는 있다. 과거의 포로가 되지 않을 것.

처방전 092 지난 일을 용서하기

용서는 담배를 끊는 일과 비슷하다. 최고의 금연법은 굉장한 선언이나 약속 따위를 하는 게 아니라 담배에 대한 애착을 당장 포기하는 것이다. 담배 생각이 날 때마다 머리를 흔들며 니코틴 유혹에서 달아나야 한다. 용서도 마찬가지다. 어떤 사람이나 생각에 대한 집착을 포기하고 잊기만 하면 된다.

—젠 신체로, 〈성실함의 배신〉 중에서

완전한 용서는 어떤 일이나 사람에 대해 잊어버리는 것이다. 일어난 일은 생각을 부르고 그 생각 때문에 용서를 하기 어려운 것이다. 용서란 어떤 일이 일어난 것을 일어나지 않은 것으로 한다는 의미가 있다. 다시 곱씹지 말고 머릿속에서 완전히 지워버릴 것.

처방전 093 뇌에 쌓인 폐기물 버리기

인간의 뇌는 컴퓨터의 중앙처리장치인 CPU(Central Processing Unit)와 같다. 과거를 후회하는 사람들이 떨치지 못한 미련은 대형 폐기물처럼 뇌 속을 차지한다. 그리고 감정, 사고, 집중력, 활동력, 판단력, 수면 영역의 효율을 떨어뜨려 일상생활을 망가뜨린다. 이 폐기물을 제때 버리지 못하면 자율신경실조증에 걸려 우울증, 불안 등의 심리질환을 앓을 가능성이 커진다.

—천옌이, 〈나는 왜 마음이 피로할까?〉 중에서

혈관에 노폐물이 쌓이면 피가 잘 흐르지 않는 것처럼, 과거에 대한 집착과 잡념은 뇌의 흐름을 방해한다. 이런 폐기물이 모여 더 큰 폐기물이 된다. 나쁜 생각은 그때그때 털어버릴 것. 지금 이 순간에만 집중하고, 일어나는 생각들이 계속 흘러가게 만들 것.

4-2

쉽게 상처받는 사람이라면

사람 중에는 쉽게 상처받는 사람이 있습니다. 물론 상처 주는 사람이 문제인 경우가 많겠지만, 너무 상처를 자주 받는다면 자신을 위해서라도 자기 자신을 돌아볼 필요가 있습니다. 어떤 문제가 있어서 상처를 자주 받는 건지, 스스로 생각해 보는 시간이 필요합니다.

처방전 094 친절은 제멋대로 베풀어라

친절은 단어 정의에 따르면 강제로 하는 일이 아니라 자발적으로 하는 일입니다. 상대방이 바라지도 않는데 자기가 하고 싶어서 '제멋대로' 베푸는 것이 친절입니다. 그러니 '내 친절에 감사하다고 말하지 않다니 이상한 사람이네' '고맙다고 말하지 않다니 인성이 별로군'이라고 상대방을 폄하할 것이 아니라 '내가 원해서 멋대로 한 일이니 상대방이 반응하지 않아도 괜찮아'라고 자기 선에서 완결하는 쪽이 정신 건강에 이롭습니다.

–코이케 류노스케, 〈생각으로부터 깨어나기〉 중에서

다른 사람의 요청으로 도움을 주는 것은 친절이 아니다. 그런데 사람들은 친절함에 대해 감사를 받으려는 마음이 있고, 그것은 타인에 대한 기대가 된다. 자발적으로 베푼 친절임에도 상대방의 감사를 받으려는 기대는 결국 상처로 돌아온다. 친절에 대한 감사를 바라지 말 것.

처방전 095 마음의 무게를 줄여라

마음에도 무게가 있다. 체중계에 재면 나오지 않지만 말이다. 우리는 눈에 보이지 않은 것의 가치보다 눈에 보이는 것의 가치를 보다 중요시한다. 그래서 육신의 무게는 잘 알고 대처하지만, 마음의 무게는 보이지 않는다고 무시해서 제대로 대처하지 못한다. 마음 다이어트가 힘든 이유가 여기에 있다. 마음을 가볍게 하려면 모든 일에 지나치게 예민해지지 않고 인연에 연연하지 않아야 한다.

—전형주, 〈맛있게 멋있게 나답게〉 중에서

몸이 무거워지면 움직임이 둔해진다. 마음이 무거워져도 움직임이 둔해진다. 몸무게도 다이어트가 필요하듯 마음도 다이어트가 필요하다. 스트레스를 감량하는 것이다. 마음의 짐을 줄이고 무게를 가볍게 만들 것.

처방전 096 행복은 스스로 찾아라

행복이 다른 사람에게 달려 있을 때 다른 사람들은 우리를 쥐락펴락할 수 있다. 그러나 "나는 그가 이렇게 해줘야만 만족할 수 있어"라고 생각할 것인지, 아니면 "나는 그가 이렇게 해주면 좋겠어. 하지만 나의 행복과 마음의 평화는 그에게 달려 있지 않아. 내 삶은 그가 아니어도 유쾌할 수 있어. 나 스스로 원하는 것을 하고, 나 스스로 채우면 되지"라고 생각할 것인지는 우리의 선택이다.

–토마스 호엔제, 〈평정심, 나를 지켜내는 힘〉 중에서

행복도 불행도 다른 사람을 통해 얻는 경우가 많다. 하지만 다른 사람에게 전적으로 의지한다면 자유를 잃게 된다. 다른 사람에게 행복의 키를 맡기는 셈이기 때문이다. 다른 사람의 행동에도 흔들리지 않는 자신의 마음을 가질 것. 행복을 타인이 아닌 자신의 손으로 찾을 것.

처방전 097 마음의 구멍을 메워라

누군가의 태도나 말에 지나치게 의미를 부여하거나 상처를 받고 있다면 마음속에 메워야 할 구멍이 있음을 알아차려야 한다. 타인이 우리에게 하는 행동을 못하게 하기는 어렵지만, 우리의 반응을 스스로 조절할 수는 있다. 스스로를 증명하려는 욕구 혹은 타인의 사랑이나 인정이 없으면 자신이 부족하다고 느끼는 경향을 없애는 것이 무엇보다도 중요하다.

–비셴 락히아니, 〈비범한 정신의 코드를 해킹하다〉 중에서

다른 사람들의 말이나 행동에 민감한 사람은 스스로를 되돌아보아야 한다. 마음속에 구멍이 있기 때문에 그곳을 건드리면 아픈 것이다. 그런 부분이 많다면 칭찬이나 인정에 유난히 목말라하게 된다. 자신의 마음 구멍은 스스로 메워야 한다. 있는 그대로의 자신을 인정하고 사랑할 것. 다른 인정보다 자신의 인정을 추구할 것.

4-3

감정을 있는 그대로 받아들이는 법

세상에 완벽한 사람은 없습니다. 감정도 좋은 감정만 있을 수는 없습니다. 겉으로는 무슨 일이 일어나도 끄떡없어 보이는 사람도 속으로는 아픔이 있을 수 있습니다. 감정은 통제할 수 없는 요소이지만, 그대로 받아들인다면 괴로운 일이 줄어들 것입니다.

처방전 098 결함을 인정하자

대부분의 사람들에게는 한 번쯤 자신의 결함을 드러낸 경험이 있다. 인간다운 결함을. 그런데 이는 인격과 공감하는 능력을 발전시킨다. 영혼을 성장시키는 데도 좋다. 사막을 횡단하거나 밀림을 통과할 때처럼 힘들고 고통스러운 시기를 보내는 것이 결코 시간낭비인 것만은 아니다. 그러다 인생을, 야생화를, 화석을, 물을 발견할 수도 있기 때문이다.

–앤 라모트, 〈나쁜 날들에 필요한 말들〉 중에서

자신과 다른 사람의 결함을 인정할 줄 알아야 한다. 누구에게나 결함은 있고, 그 사실을 받아들이는 순간 겸손을 배울 수 있다. 열등감, 질투 같은 감정으로 숨기게 되면 더 커지게 된다. 용기 내어 결함을 드러내고 발전을 도모할 것. 자신의 모자람을 인정하고 노력할 것.

처방전 099 때로는 포기를 받아들이자

때때로 포기는 앞으로 나아가기 위한 유일한 방법이다. 막연한 긍정적 사고보다는 현실적으로 생각하면서 심리적 외상의 결과를 받아들일 때, 궁극적으로 더 아는 인생을 살 수 있는 목표를 설정하고 성취할 수 있도록 해주는 진정한 희망으로 가는 길이 열릴 수 있다.

—데이비드 펠드먼 · 리 대니얼 크라비츠, 〈슈퍼서바이버〉 중에서

이루어질 수 없는 목표를 무리하게 추구하다 실패하면 좌절감과 패배감을 느끼게 된다. 그 감정을 받아들이지 않고, 무리하게 긍정적인 생각만 하려고 하면 현실적으로도 문제가 생긴다. 무조건 성공할 수 있다는 생각을 버릴 것. 때로는 패배감도 받아들일 것.

처방전 100 변화를 받아들이자

모든 것은 변하며 집착은 고통을 불러온다는 자연의 법칙을 이해하고 나면 삶에 다른 방식이 있지 않을까 생각하게 됩니다. 사실 그러합니다. 바로 '불확실성의 지혜'라는 방식입니다. 이것은 변화와 함께 흘러갈 수 있는 힘이며, 모든 것을 변화의 과정으로 바라보고, 불확실한 가운데 이완할 수 있는 힘입니다.

–잭 콘필드, 〈처음 만나는 명상 레슨〉 중에서

모든 것은 변한다. 감정도 마찬가지이다. 변화를 인정하지 않거나 변화를 예측하려고 하는 오류를 범한다면 남는 것은 고통뿐이다. 모든 것은 변한다는 사실 말고 알 수 있는 것은 없다. 변화를 받아들이고 물결에 몸을 맡길 것. 자연스럽게 흘러갈 것.

처방전 101 가짜 긍정을 버려라

가짜 긍정이란 사실은 조금도 안 괜찮은데 그런 모습을 숨겨가며 무리하게 좋은 사람인 척, 긍정적인 사람인 척 연기하는 것을 뜻한다. 내면의 부정적인 감정을 마주하고 그 감정 또한 자신의 것임을 인정한다면 더는 가짜 긍정이 필요하지 않게 된다. 우리는 누구나 따뜻함과 차가움, 추함과 아름다움, 나태함과 근면함 등 상반되는 것들을 동시에 안고 살아간다.

—시미즈 다이키, 〈애쓰지 않아도 괜찮다〉 중에서

세상에 100퍼센트 긍정적인 사람은 없다. 사람이란 누구나 부정적인 감정이 일어날 수 있고, 그것을 다 드러낸다면 사회생활이 어려울 수 있기 때문에 가짜 긍정이라는 가면을 쓴다. 하지만 내면에 쌓아둔 감정은 결국 분출된다. 부정적인 감정을 거부하지 말 것. 받아들이고 시간의 흐름에 따라 보내줄 것.

처방전 102 통제하려는 마음에서 벗어나기

우리 마음속에서 혹은 이 세상에서 순간순간 벌어지는 일들을 책임질 수는 없습니다. 그러나 우리가 겪는 일들을 통제하려고 애쓰는 대신에, 그 일이 좋은지 나쁜지 정신적인 것인지 저속한 것인지 판단하는 대신에, 삶은 그 순간의 현실을 받아들이기를 요구합니다. 거부하며 밀어내거나 굴복하거나 방황하지 말고, 삶의 진실 앞에 무릎 꿇고 인생을 경험하기를 요구합니다.

–로저 하우스덴, 〈아등바등 살지 않는 기술〉 중에서

이 세상을 살아가면서 주변에서 일어나는 일을 완전하게 통제하면서 살 수는 없다. 자기 자신의 안에서 일어나는 감정마저 통제할 수 없다. 좋은 일이든 나쁜 일이든 일어난 일은 일어난 대로 받아들여야 한다. 감정도 마찬가지이다. 있는 그대로 진실을 받아들일 것.

4-4

우리는 견딜 수 있다

세상에서 일어나는 일이나 나에게 일어나는 일을 나의 힘으로 바꿀 수는 없습니다. 결국 일어날 일은 일어납니다. 인생은 일괄거래라고 할 수 있습니다. 원하는 것만 주고받을 수 없고 고통이나 슬픔 등도 모두 내가 살고 있는 삶에 포함되어 있습니다. 그리고 우리는 그것을 견딜 수 있도록 설계된 존재입니다.

처방전 103 믿음을 한번쯤 의심해 보기

우리는 언제나 믿는 대로 행동한다. 우리가 하는 모든 행동은 모두 믿기 때문에 하는 것이다. 우리의 믿음이 옳다면 우리의 감정, 생각, 행동은 건강하다. 당신이 원하지 않는 것을 행하거나 생각하거나 느낀다면 이는 언제나 당신이 믿는 무엇 때문이다. 당신이 믿음, 생각, 감정을 바꾸면 행동은 저절로 바뀔 것이다. 쉬운 일처럼 들리는데 무엇이 문제가 되는 걸까?

–알렉산더 로이드 · 벤 존슨, 〈힐링 코드〉 중에서

사람은 믿는 대로 행동하고, 믿는 대로 보고 듣는다. 문제는 믿음이 잘못 되었을 때조차 그렇다는 것이다. 대부분의 경우 잘못 되었다는 사실도 깨닫지 못한다. 무엇이 잘못 되었을 때, 자신의 마음을 되돌아볼 것. 자신이 어떤 믿음을 가지고 있는지 생각해 볼 것.

처방전 104 스트레스는 줄일 수 있다

스트레스 유발 인자는 외부의 위협이나 도전 과제다. 스트레스는 이 도전 과제에 대한 신체의 반응이다. 오늘날 세계에서 우리는 스트레스 유발 인자를 스트레스와 혼동하고 있으며, 문제의 근원이 대출, 힘든 결혼 생활, 말 안 듣는 자녀, 까다로운 상사, 완성하지 못한 프로젝트(위험), 혹은 최근의 승진, 새집, 혹은 막 시작된 연인 관계(기회)라고 믿는 오류를 범한다.

–로버트 마우어, 〈두려움의 재발견〉 중에서

외부 환경이나 다른 사람을 통제할 수는 없다. 하지만 스트레스를 받는다고 푸념만 늘어놓으면 스트레스는 더 커진다. 스트레스 인자를 더 이상 스트레스 인자로써 받아들이지 말 것. 적절히 대처하거나 무시하며 스트레스를 줄여나갈 것.

처방전 105 걱정하는 시간을 따로 정하자

습관적인 걱정을 완전히 없앨 수는 없습니다. (……) 하지만 (……) 쉽게 빠져나오지 못할 정도로 깊이 빠져들지 않도록 생각하는 시간을 제한할 수 있습니다. 타이머를 10분에서 15분으로 맞추고, 마음속에 드는 생각으로 인해 스트레스를 받도록 내버려 둡니다. 생각을 모두 꺼내 놓으세요! 이 시간을 억눌린 감정과 생각을 모두 배출하는 기회로 삼아봅니다.

–스티븐 J. 스콧 · 배리 데이븐포트, 〈마음속 네 개의 방 정리하기〉 중에서

걱정 없이 살 수는 없다. 하지만 과도한 걱정은 사람을 무기력하게 만든다. 그렇다면 아예 10분에서 15분 정도, 하루에 한두 번 정도는 걱정만 하는 시간을 가져볼 것. 하고 싶은 말을 실컷 떠들면 다시 말하고 싶어지지 않듯 실컷 걱정하고 말 것.

처방전 106 적당한 불안은 힘이 된다

많은 사람이 불안 때문에 나타나는 신체적 증상이 일을 망친다고 믿지만, 실은 완전히 이완된 상태보다 긴장된 상태가 더 좋습니다. 스트레스 반응이 강한 운동선수가 경쟁력이 높고, 시험 전에 아드레날린이 더 많이 분비되는 학생이 좋은 점수를 받죠. 아무리 안정된 상태가 더 좋을 것 같은 상황에서도, 불안이 깔려 있어야 압박감 속에서 더 좋은 성과를 이뤄낼 수 있습니다.

–켈리 맥고니걸, 〈스탠퍼드 성장 수업〉 중에서

불안을 느끼는 것은 자연스러운 현상이다. 오히려 넋 놓고 살다가는 큰일을 당할 수도 있다. 그러니 적당한 불안은 다른 말로 조심이라고 부를 수 있다. 불안은 마음을 준비하는 과정이다. 불안을 부정하지 않고 받아들일 것. 압박감 속에서 집중력을 발휘할 것.

처방전 107 심리적 불편함을 견디자

고통스러운 생각과 감정, 감각, 느낌을 바꾸거나 회피하려는 행동의 대안은 무엇일까. 바로 심리적 불편함도 견딜 수 있다는 사실을 깨닫는 것이다. 마치 비 오는 날 오후에 산책을 나가서 겪는 신체적 불편을 참아내는 일과 같다. 이런 생각과 감정이 라디오에서 나오는 배경음악 같은 것이라고 생각해보자. 늘 그곳에 있지만 주의를 얼마나 기울일지는 스스로 선택할 수 있는 문제다.

—토드 카시단 · 로버트 비스워스 디너, 〈다크사이드〉 중에서

마음도 단련이 필요하다. 육체적 고통과 달리 심리적 고통은 실제가 아니다. 마음은 어떤 불편한 사건이나 상황에 대해 생각하고 느끼는 것이다. 작은 일도 자꾸 생각하면 더 아프고, 큰일도 생각하지 않으면 덜 아픈 법. 심리적 불편함을 견딜 것. 그저 지나가게 둘 것.

4-5

감정을 조절하고 싶어요

감정이라는 주제를 꺼내면 대다수의 사람들이 그것을 조절하고 싶어 합니다. 화가 났을 때 남들에게 욱하는 성격이 있다거나, 원치 않을 때 눈물을 터뜨리거나, 한 번 안 좋은 일이 생겼을 때 오랫동안 앓는 경우죠. 그렇다면 감정은 어떻게 조절해야 할까요?

처방전 108 고민을 멈춰라

"오랫동안 고민했는데 답이 없어요. 이럴 땐 어떻게 해야 하죠?"

이미 답이 나와 있는데 왜 고민하고 있는가? 그렇게 오랫동안 고민했다면 이제 고민을 멈춰라. 인생은 답 없는 고민 따위로 시간을 허비할 만큼 충분하지 않다. 인생을 짧다. 고민으로 시간을 좀먹지 말자. A와 B, 둘 가운데 A의 길을 가라. 아니면 그냥 계속 고민을 하든가.

—박현우, 〈내 청춘 3년 후〉 중에서

고민을 하면 감정 소모가 커진다. 그리고 선택을 미루면 문제가 쌓인다. 아무 길로도 가지 않는다면 고민의 의미가 없다. 고민을 멈추고 길을 선택할 것. 감정은 그 다음으로 감당해야 하는 문제이다. 어떻게 감정을 표현할까 고민된다면, 우선 선택할 것.

처방전 109 생각 벽장을 정리하라

우리 가슴속 한구석에는 비밀벽장이 있다. 바로 '생각벽장'이다. 내가 그 벽장 속에 보관해 온 것들은 조금도 유익하지 않은 것들뿐이었다. 선반이며 옷걸이, 수납장엔 부정적인 생각과 불안감, 거짓, 환상, 이전에 겪었던 실패의 잔해들이 빼곡했다.

–제니퍼 로스차일드, 〈내 영혼에게 말 걸기〉 중에서

마음속에 숨겨져 있는 것들은 반드시 밖으로 나오게 되어 있다. 부정적인 감정은 부정적인 감정을 부르고, 긍정적인 감정은 긍정적인 감정을 부른다. 생각 벽장이 부정적인 감정으로 가득하다면 싹 비우고 긍정적인 감정으로 채울 것.

처방전 110 고민을 내버려두자

“1년 전 당신의 고민은 무엇이었는가? 또 2년 전, 10년 전의 고민은 무엇이었나?” 정확하게 기억이 나는가? 고민은 문제해결에 의해서 부분적으로 해소되기도 하지만 거의 모든 고민은 시간과 함께 소멸된다. 그것이 고민의 특성이다. 고민한다고 해결될 수 없는 고민은 내버려 두자.

–김희현, 〈발견은 기쁨이다〉 중에서

고민은 또 다른 고민을 키운다. 고민 없는 사람은 무덤에 있는 사람밖에 없다. 우유부단한 사람은 고민도 많고 스트레스도 많이 받는다. 고민을 컴퓨터 파일처럼 관리한다고 생각할 것. 저장할 것은 저장하고 삭제할 것은 삭제할 것. 마음을 정리해나갈 것.

처방전 111 욱하기 전에 참아보기

우리는 악덕의 근본적인 원인과 맞서 싸워야 한다. 화는 내가 상처를 입었다는 믿음에서 시작된다. 하지만 그 잘못된 믿음에 쉽게 넘어가서는 안 된다. 우리가 받은 상처가 너무 확연해 눈에 띄더라도 절대 분노하지 말라. 때로는 잘못된 믿음이 진실인 양 위장하고 있기도 하니까. 진실을 알 때까지 적당한 시간을 가져야 한다. 시간이 지나면 진실은 드러나게 마련이다.

–루키우스 안나이우스 세네카, 〈세네카의 화 다스리기〉 중에서

화는 인간관계에 나쁜 영향을 미친다. 화를 낸 사람도, 화를 내게 한 사람도 마음이 편할 수 없다. 화를 조금만 참으면 이상적인 대화를 할 수 있다. 세 번만 참으면 살인도 면한다는 말을 들어봤을 것이다. 화가 났을 때 심호흡을 하며 마음을 가다듬고 진실을 볼 것.

처방전 112 가짜 절망을 조심하라

절망 가운데 가짜가 있다. 본래 절망할 일이 아닌데도 잘못된 인식이나 판단 때문에 '가짜 절망'에 빠질 수 있다는 말이다. 지금 나 자신이 절망감, 우울감, 무기력감 등으로 인해 힘들어하고 있다면, 한번 그 실체를 들여다보라. 가짜일 확률이 높다. 의외로 가짜 절망이 주범인 경우가 허다한 것이다. 이 가짜 절망이 희망을 가리고, 가두고, 짓누른다.

–차동엽, 〈희망의 귀환〉 중에서

절망과 희망은 실제 상황이 아니라 마음이다. 같은 상황에서 절망하는 사람도 있고 희망하는 사람도 있기 때문이다. 가짜 희망은 사람을 허황되게 만들지만, 가짜 절망은 사람을 죽일 수도 있다. 살아 있는 한 다른 희망을 가진다면 완전한 절망은 없다. 가짜 절망을 조심할 것.

증상 5

변화에 대한 어려움

살아가면서 우리는 에너지를 사용하는데 대부분의 시간을 보내면서도, 우리의 생각과 말과 행동이 상황을 바꾼다는 사실은 까맣게 모르고 있습니다. 그래서 상상이나 가능성을 활용하지 않고 기본적인 프로그램만 따르죠.

세상에 우연은 없습니다. 정해진 틀 안에서 사는 것이 편안하겠지만, 밋밋하게 끝내기엔 일생이 아깝지 않은가요? 그러니 지금이라도 변화하고, 더 넓은 세상을 바라보아야 인생이 더욱 풍성해지고 풍요로워질 수 있습니다. 용기를 내보세요.

5-1

우리가 변화하는 이유

여러분은 지금 상황에 만족하나요? 지금의 삶이 만족스럽지 않다면, 변화가 필요하다는 신호입니다. 사람들은 각자 변화를 도모합니다. 어떤 이유로 변화를 꿈꾸고 살아가는 걸까요? 그리고 우리는 어떤 방향으로 변화해야 더 행복한 삶을 살 수 있을까요?

처방전 113 심심한 시간을 만들자

노래하고 술 마시고 춤을 추는 것이 모두 심심해서 그런 것이다. 재미있게 논 다음 날 아침은 늘 목이 마르고 속이 쓰리고 머리가 아프다. 심심해서 몸이 뒤틀려야 새로운 생각에 잠기게 된다. 문화는 심심함에 지친 사람들이 심심함을 이기기 위해 만들어낸 놀이라는 생각이 들었다. 심심함이 없으면 창조도 없다. 불행하다고 인식한 사람만이 변화를 만들어내고, 심심한 사람들만이 심심함을 벗어날 수 있다.

—구본형, 〈나는 이렇게 될 것이다〉 중에서

사람은 늘 새롭고 재미있는 것을 찾는다. 아무리 재미가 있어도 뇌가 적응하면 재미는 떨어지게 마련이니 새로운 것을 찾게 되는 것이다. 지금은 스마트기기의 발달로 심심할 틈이 없다. 하지만 창조적인 생각은 뇌가 심심해야 일어난다. 비생산적인 뇌 소모를 줄일 것.

처방전 114 놀라운 행동부터 실천하자

수많은 사람들은 자신에게 놀라운 일이 일어나기를 기대한다. 자고 일어났더니 유명인이 된다거나, 로또 1등에 당첨이 된다거나, 또는 자신의 책이 세계적으로 베스트셀러가 되는 등 놀라운 일이 일어나길 항상 기대한다. 하지만 놀라운 일은 놀라운 행동의 결과이다. 너무 당연한가? 하지만 사람들은 놀라운 결과를 원하지만 놀라운 행동은 하지 않는다.

–이용성, 〈나는 오늘 놀라운 일을 할 거다〉 중에서

시험을 보지 않고 합격을 기대할 수는 없는 법. 놀라운 일은 놀라운 행동이 만들어내는 것이다. 하지만 그 놀라운 행동은 결코 놀랍지 않다. 수많은 피와 땀을 흘려야 진정 놀라운 행동이 되는 것이다. 놀라운 일이 벌어진 사람을 부러워하지 말고 놀라운 행동을 할 것.

처방전 115 방도 마음도 청소가 필요하다

다른 누군가가 청소하고 깨끗해진 장소를 사용하는 것도 물론 기분 좋은 일이지만, 자신의 손으로 직접 청소해 깨끗하게 만들었을 때의 성취감은 아마 청소한 당사자가 아니면 도저히 알 수 없을 것이다. 결국 청소는 그곳을 깨끗하게 하는 동시에 청소하는 사람의 마음속과 머릿속 기의 흐름을 좋아지게 한다.

–가기야마 히데사부로, 〈머리청소 마음청소〉 중에서

고인 물은 썩는다. 공기도 순환하지 않으면 탁해진다. 인간의 뇌는 아름다운 것을 보거나 좋은 기억을 떠올릴 때 활성화된다고 한다. 기의 흐름이 막히지 않으려면 주변이 정돈되고 청결한 상태로 유지되어야 한다. 지저분하고 더러운 환경에서 벗어날 것.

처방전 116 환경이 달라지면 사람이 달라진다

가족도 환경이고 친구도 환경이고 읽는 책도 환경이다. 지금까지 만난 사람, 들은 말, 읽은 책, 생활공간 등이 현재의 우리를 만들었다. 만나는 사람, 듣는 말, 읽는 책을 바꾼다면 그 사람은 달라질 수밖에 없다. 누구를 만나, 무슨 이야기를 듣고, 어떤 책을 읽어야 하는가를 궁리해야 한다.

—김민기, 〈나를 바꿀 자유: 너만의 브랜드에 집중하라〉 중에서

주어진 환경에서 자신만 변화하려는 노력은 한계가 있다. 지금까지 지내던 환경은 편안하기 때문에 불편함을 감수해야 하는 변화는 제자리로 돌아가기 쉽다. 새로운 환경을 접하고, 새로운 사람을 만나면 달라질 수 있다. 천천히 주변 환경의 변화를 이끌어 나갈 것.

5-2

쓴소리 메들리

입에 쓴 약이 몸에 좋다는 말이 있습니다. 변화를 위해서는 따끔한 조언이 필요할 때도 있지요. 그렇다고 해서 그저 질책하거나 자존심을 깎아먹는 조언은 제대로 된 조언이 아닙니다. 좋은 조언이자 충고는 정확한 방향을 제시해 주면서 격려해 주는 말입니다.

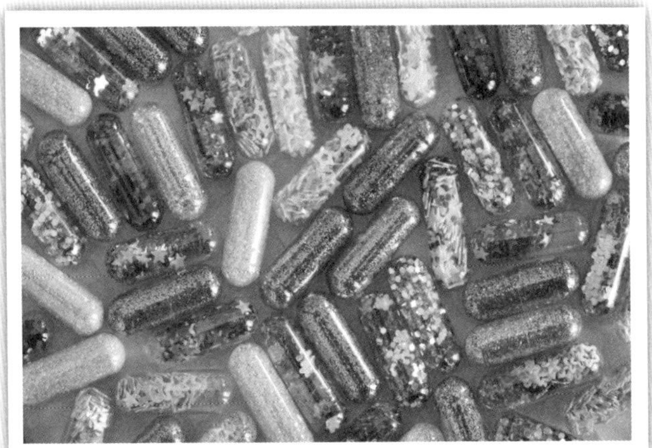

처방전 117 장비를 탓하지 말자

장비를 마치 도깨비 방망이처럼 여기는 사람이 많다. 그들은 골프 연습장에는 코빼기도 보이지 않으면서 골프용품점은 뻔질나게 드나든다. 그들이 원하는 것은 지름길이다. 하지만 꼭 최고의 장비가 있어야 골프를 잘할 수 있는 건 아니다. 특히 초보자에게 비싼 장비는 돼지 목에 진주 목걸이나 다름없다.

–제이슨 프라이드 · 데이비드 하이네마이어 핸슨, 〈똑바로 일하라〉 중에서

한국은 세계 최고의 고어텍스 소비국가이다. 본래 용도보다는 과시용으로 장만하는 셈이다. 등산을 하려면 좋은 장비보다 튼튼한 다리가 필요하다. 운동에 노력을 기울이지 않다가 등산복을 입는다고 정상까지 갈 수는 없다. 장비에 의존하기 전에 먼저 자신의 실력을 키울 것.

처방전 118 자기 반성을 습관화하자

타인의 단점은 자동 전조등과 같다고 한다. 자신의 잘못보다는 남의 잘못이 더 잘 보인다는 얘기다. 남을 평가하고 판단하는 데에는 둘째가라면 서러워할 전문가들이 많다. 자기 반성은 하지 않기 때문이다. 다른 사람에게서 발견하는 단점이 사실은 대부분 자신의 싫어하는 자신의 내면의 모습이라는 말은 진리다. 타인의 단점만 보는 까닭은 그 흠이 자신에게도 있다는 점을 인정하지도, 고치려 하지도 않기 때문이다.

–브라이언 로빈슨, 〈행복의 기술〉 중에서

남을 볼 때는 나쁜 점을 잘 보던 눈이 자기 자신에게는 한없이 관대해지는 경우가 많다. 남의 나쁜 점, 단점을 지적하는 말로 자신이 높아진다고 생각한다면 착각이다. 자기 자신에 대해 충분히 반성하고 장점과 단점을 올바르게 볼 것. 겸손한 태도와 노력을 잃지 말 것.

처방전 119 낭비한 날은 아무런 가치가 없다

인간은 무(無)를 무수히 많이 더하면 무엇인가 될 것이라고 상상할 만큼 어리석다. 인간의 산수 실력은 슬플 정도로 형편없다. 어떤 집합의 결과는 그 집합을 구성하는 각 단위들의 범위를 벗어나지 못한다. 낭비한 날들이 아무리 많아도 그 총합은 절대로 가치 있는 한 해가 되지 못할 것이다. 낭비한 해들의 총합은 의미 있는 일생이 절대로 되지 못할 것이다.

—에드워드 하워드 그릭스, 〈사람은 무엇을 위해 사는가〉 중에서

인생에서 낭비한 시간은 0으로 남는다. 0은 아무리 곱해도 0이다. 위대한 사람은 시간을 붙잡은 사람이 아니라 그 시간을 누구보다 가치 있게 보낸 사람이다. 시간은 흐르면서 점점 사라지고 어제와 오늘은 다르다. 의미 있는 시간을 보내도록 노력할 것. 인생을 낭비하지 말 것.

처방전 120 명품을 사지 말고 명품이 되어라

이른바 '명품'이라는 것이 있습니다. '럭셔리(luxury)'라는 영어 단어를 명품으로 번역한 겁니다. 어처구니가 없습니다. '사치품'이 졸지에 명품으로 둔갑했으니 말이지요. 잘못한 번역에서 모든 문제가 출발합니다. 사치품으로 몸을 치장하고 다니면서 스스로 '허영남'이나 '사치녀'가 아니라 '명품남', '명품녀'로 자처하게 되었습니다.

–이훈범, 〈세상에 없는 수업〉 중에서

소득에 비해 과한 가격의 상품을 사는 것과 모조품을 사는 것은 거짓이라는 공통점을 가지고 있다. 명품인은 '어떤 것을 가졌는가'가 아니라 '어떤 사람인가'와 '어떤 행동을 하는가'로 판정된다. 사람의 가치는 값비싼 명품과 상관없다. 명품을 사는 것보단 명품이 될 것.

처방전 121 진짜 노력을 해야 한다

우리 주변에도 노트에 항상 뭔가를 열심히 필기하는데 시험 결과는 형편없는 친구가 있다. 반대로 시험 성적은 무척 좋은데 진지하게 공부하는 것 같지는 않은 친구들이 있다. 후자에 대해 사람들은 흔히 '머리가 좋아서'라고 말한다. 그러나 이 친구들은 사실 공부를 해야 하는 시간에 잡다한 유혹을 물리치고 정말로 진지하게 공부를 한 것뿐이다. 다른 누군가에게 보이기 위한 노력이나 시간을 흘려 보내기만 하는 노력이 아닌, 진짜 노력 말이다.

–리샹룽, 〈당신은 겉보기에 노력하고 있을 뿐〉 중에서

'정말 바쁘다'는 말을 입에 달고 사는 사람이 있다. 바쁜 생활에 비해 뚜렷한 성과는 없다. 뚜렷한 성과를 내는 사람은 해야 할 일을 제때에 제대로 하는 사람이다. 시간 관리가 철저하고 집중할 때 집중하기 때문에 분주해 보이지 않는다. 가짜 노력 대신 진짜 노력을 할 것.

처방전 122 조건부 실천을 버려라

뭔가 일을 진행할 때 'ㅇㅇ가 되면 하자.'라는 식으로 어떤 조건이 조성되면 행동한다고 단언하는 사람은, ㅇㅇ가 되면 이번에는 또 새로운 조건을 꺼냅니다. '△△가 ㅇㅇ가 되면 하자.'라는 식입니다. 그리고 끝까지 행동에 나서지 않습니다. 'ㅇㅇ가 되면 하자.'라고 말할 때, 여러분의 성장은 멈춥니다. 행동에는 조건이 불필요합니다. 지금 할 수 있는 뭔가만 있으면 됩니다.

–나카무라 마사루, 〈생각이 많아 잠이 오지 않을 때 읽는 책〉 중에서

어떤 행동을 하는 데 조건을 붙이면 그 조건은 계속해서 변신하면서 실천을 방해한다. 무엇이든 시작이 어렵다. 사람이 하는 일 대부분은 지금 당장 시작할 수 있는 일이다. 미루지 말고, 조건 붙이지 말고 시작할 것. 조건부 실천을 버릴 것.

처방전 123 분주함은 집중을 흐린다

시간이 부족하다고 탄식하는 사람들이 계획표를 짤 줄 모르는 것이 아니다. 시간이 부족하다고 느끼는 사람들도 계획표를 작성하고, 그것을 지키는 일쯤은 잘한다. 실제로 시간이 부족하다고 느끼는 데에는 다른 이유가 있다. 그 느낌은 우리의 감정과 사고에서 비롯된다. 분주한 사람은 집중을 잘하지 못한다. 계획했던 일이 제대로 이루어지지 않는 것은 그 때문이다.

–슈테판 클라인, 〈안녕하세요, 시간입니다〉 중에서

시간 관리가 필요한 이유는 많은 일을 하기 위해서가 아니라 중요한 일을 끝내기 위해서이다. 시간 계획을 세우고 계획대로 일을 다 하더라도 끝내야 할 일을 끝내지 못한다면 시간은 늘 부족할 것이다. 여러 일을 벌이는 것보다 한 가지 일을 집중적으로 해서 끝을 낼 것.

5-3

변화는 사소한 일상부터

깨진 유리창 법칙(broken windows theory)이 있습니다. 미국의 범죄 이론으로, 사소한 일이 큰 일로 번진다는 뜻입니다. 깨끗한 마음이 깨끗한 환경을 만들고, 그 환경이 다시 사람의 마음을 깨끗하게 해 주는 법입니다. 그렇다면 일상의 작은 변화가 인생을 바꿀 수 있지 않을까요? 지금부터 작은 습관을 만들어보는 것은 어떨까요?

처방전 124 탁월한 습관을 들이자

스포츠 분야에서 탁월한 선수들이나 예술 분야 혹은 다른 분야에서의 거장들이나 대가들은 하나같이 이런 질문을 받는 경우가 있을 것이다. "무슨 재미로 사세요?" 그렇다. 어떤 분야에서든 오랫동안 거장이 되고, 대가가 되고, 최고의 선수가 되는 사람들은 모두 탁월한 습관을 가지고 있다. 그런데 탁월한 습관이 의미하는 것은 보통사람들이 보기에는 재미없고, 화려하지 않고, 너무나 단순하고 소박하고 변함없는 습관이다.

–김병완, 〈뜨거워야 움직이고 미쳐야 내 것이 된다〉 중에서

탁월한 결과 뒤에는 탁월한 습관이 있다. 탁월한 선수나 거장들뿐만 아니라 모든 성공한 사람들은 보통사람들이 가지지 않은 습관을 가지고 있다. 그리고 그러한 습관들은 대부분 재미없는 것들이다. 모든 성공의 경우도 마찬가지이다. 지루하더라도 탁월한 습관을 만들 것.

처방전 125 간식을 끊어라

가장 오래된 고대 인도의 전통 의학인 아유르베다 의학에서는 직전 식사에서 먹은 음식이 소화되기 전에 또 먹는 것이야말로 질병을 일으키는 주요 원인이라고 본다. (……) 대개 가공식품과 유전자 변형식품이 많아질수록 영양소와 생명력은 줄어든다. 이런 식품은 영양가가 너무 적기 때문에 하루에 필요한 영양소를 충족하기 위해서는 더 많은 음식을 먹어야만 한다.

—안드레아스 모리츠, 〈의사들도 모르는 기적의 간 청소〉 중에서

하루 세 끼 식사를 제대로 한다면 간식은 필요 없다. 그런데 갖가지 이유로 식사가 부족하기 때문에 간식을 먹게 되는 것이다. 간식이 들어가면 이전의 식사가 완전히 소화되지 않은 상태로 밀려난다. 그리고 그 음식은 독성 물질을 발생시키게 된다. 그러니 건강을 위해 간식을 끊을 것.

처방전 126 버리는 것을 두려워하지 말자

나는 정리 캠페인을 진행하면서 불필요한 물건에 연연하는 사람들이 자신에게 진짜 중요한 물건이 무엇인지에 대해서는 제대로 고민하지 않는다는 사실을 발견했다. 현재의 가치만을 생각하지 말고 미래의 가치를 더 중요하게 생각해야 한다. 당신의 시야를 현재로 국한하거나 과거에 이미 가치가 사라진 물건에 두지 마라. 더 이상 필요하지 않은 물건을 버려야 현재의 삶을 진정으로 즐길 수 있다.

–가오위안, 〈하루 한 장 리스트의 힘〉 중에서

새로운 물건에 대한 욕심은 누구나 가지고 있다. 이 욕심은 끝이 없다. 결국에는 집 안이 온갖 물건으로 가득 차 엉망이 되는 것이다. 집이라는 한정된 공간을 쾌적하게 사용하려면 비움과 채움이 함께 있어야 한다. 버리고 나면 남은 물건의 가치를 제대로 느낄 수 있다. 사용 가치가 떨어진 물건은 과감하게 버릴 것.

처방전 127 집을 호텔처럼 정리하기

포근한 이불과 넓고 안락한 호텔에서의 하룻밤은 누구나 꿈꾸는 휴식 같은 하루를 선물한다. 보통 휴양지나 여행을 갔을 때 꼭 가고 싶은 잠자리에 호텔이 포함되어 있다. 호텔은 비어있는 공간에 대한 환상적인 꿈을 실현해주는 공간이다. 꼭 여행을 가서 느낄 수 있는 공간이 아니라 우리 집에서도 호텔과 같은 휴식과 꿈을 실현할 수 있다. 물건을 비우면 호텔과 같은 여유로움을 느낄 수 있다.

–최미영, 〈비우니 좋다〉 중에서

물건이 많이 있다고 편안한 것은 아니다. 꼭 필요한 물건만 가지고 있어도 사는 데는 아무런 불편함이 없다. 물건이 많이 쌓인 공간에서는 편안함을 느낄 수 없다. 내 집이 여유롭고 편안하지 않다면 물건부터 정리해야 한다. 호텔처럼 깔끔한 방을 만들 것.

처방전 128 잡다한 즐거움을 버려라

사람들이 미루는 것은 스트레스로 지친 기분이 들기 때문이다. 페이스북을 하거나 유튜브 영상을 볼 때, 또는 좋아하는 것을 할 때 순간적으로 도파민이 분출된다. 미루는 일이 잦아질수록 이런 행동을 반복할 가능성이 높아진다. 문제는 짧은 유머 동영상을 보며 소소한 위안을 받는 동안 내가 피하고 있는 일은 점점 쌓여서 더 큰 스트레스가 된다는 점이다.

–멜 로빈스, 〈5초의 법칙〉 중에서

어떤 일을 미루는 것은 그 일이 당장 하기 싫기 때문이다. 사람은 여러 핑계로 일을 미룬다. 그리고 미룬 시간에 잡다한 즐거움을 찾는다. 어떤 일이 지금 하기 싫다면 아무 것도 하지 않고 잠시 쉬는 것도 방법이다. 잡다한 즐거움을 놓고, 온전히 쉬면서 에너지를 보충할 것.

5-4

인생을 바꾸는 습관

앞서서 일상에서의 변화를 알아보았습니다. 그렇다면 인생을 바꾸는 습관에는 무엇이 있을까요? 습관은 인생에서 매우 중요한 요소입니다. 일상도, 일생도 습관으로 시작해 습관으로 끝나는 거죠. 습관이 바뀌면 인생도 바뀝니다. 어떻게 해야 좋은 방향으로 인생을 이끌고 갈 긍정적인 습관을 만들 수 있을까요?

처방전 129 엔진을 멈추고 쉬어라

좋은 자동차는 빨리 달리는 것은 물론 필요할 때 바로 멈춰 설 수 있어야 합니다. 그래서 기술자들이 마지막 주행 테스트를 하면서 엔진과 브레이크에 싸움을 붙입니다. 엑셀러레이터를 최대한 밟은 상태에서 브레이크를 갑자기 밟으면 자동차가 서야 합니까, 계속 가야 합니까? 브레이크가 엔진을 이겨야 안전한 자동차입니다.

—박옥수, 〈나를 끌고 가는 너는 누구냐〉 중에서

사람을 달리게 하는 엔진은 욕망이다. 지나친 욕망은 사람을 쉼 없이 달리게 하고 결국 엔진에 무리가 가게 한다. 이런 욕망을 멈추게 할 수 있는 브레이크는 자제력이다. 지금까지 너무 달렸다면 브레이크를 밟고 잠시 쉬어갈 것. 과열된 엔진도 식히고 달려온 길도 뒤돌아볼 것.

처방전 130 짐을 빼는 습관

출발 전 마지막으로 할 일 중 매우 중요한 일이 하나 있다. 꾸린 짐 중에서 절반 정도는 빼도 괜찮을지 신중하게 검토해 보는 것이다. 대부분의 경우, 사람들은 짐을 필요 이상으로 많이 싼다. 그리고 이를 여행이 끝날 무렵에서야 깨닫게 된다. 그러나 짐을 분실하거나 도둑맞았을 때 혹은 자기 짐이 다른 사람 것과 바꾸는 사고를 겪고 나면 그 사실을 좀 더 일찍 깨달을 수도 있다.

—뤼디거 네베르크, 〈죽어도 살아남기〉 중에서

인생의 무게가 무겁게 느껴지면 불필요한 짐을 지고 가고 있는지 되돌아 볼 필요가 있다. 그 중에는 '문제'와 '사실'을 구분하지 못해서 늘어난 짐이 있을 수 있다. 해결할 수 있는 '문제'만을 짐으로 삼을 것.

처방전 131 여유 공간을 만들어라

신발장, 책장, 식기장, 옷장 … 이런 온갖 수납공간에 넣는 물건의 양은 80% 정도를 적정선으로 보는 것이 좋다. 즉, 120% 꽉꽉 눌러 담고 있는 사람이라면 40% 정도를 줄여야 하며, 100% 채우고 있는 사람이라면 20%를 줄이는 것이 적절하다는 발상이다. 20%의 빈 공간은 '여유'를 뜻한다. 여유만 있다면 새로운 물건을 들여올 때 손쉽게 받아들일 수 있지만 여유가 없으면 물건이 금방 넘쳐나게 된다.

–고마츠 야스시, 〈1일 1행〉 중에서

80퍼센트의 규칙은 수납공간을 80퍼센트 정도 채우자는 것이다. 수납공간의 20퍼센트 여유로 물건 찾기가 쉬워지고 새 물건을 들이기도 쉬워질 수 있다. 냉장고의 경우는 더욱 절실하다. 공간은 늘 부족하고 오래된 것은 그냥 버리게 된다. 80퍼센트만 사용하고 절약할 것. 여유 공간을 확보할 것.

처방전 132 준비할 시간을 가지는 습관

사람들은 보통 지금 하는 말이 미래에 엄청난 영향을 끼칠지도 모른다는 사실을 잊는다. 가장 알맞은 단어를 선택하기 위해서는 침착해야 하고 자신을 통제할 수 있어야 한다. 무의식적으로 튀어나오려는 말과 해야 하는 말을 비교하고 후자를 선택하라. 생각할 시간을 충분히 더 가질 수도 있다. 필요하다면 아직 답변할 준비가 안 되었다고만 말하라. "그 부분에 대해서는 나중에 다시 말씀드리겠습니다"라고 말해도 아무 문제없다.

—P. M. 포르니, 〈생각하며 산다는 것〉 중에서

인간관계의 형성은 상호 간의 커뮤니케이션으로 이루어진다. 그리고 그 대부분은 말로써 교환된다. 인간의 행동 중에 가장 중요하지만 힘든 것이 말의 절제이다. 쉽게 내뱉을 수 있지만 다시 주워 담기는 어려운 것이 말이다. 말하기 전에 한 번 더 생각할 것.

처방전 133 원칙은 끝까지 지켜라

자신이 세워놓은 원칙을 98퍼센트의 시간보다 100퍼센트의 시간 동안 지키기가 더 쉽다. 당신이 정한 도덕적 기준은 당신이 어기지 않기 때문에 강력한 것이다. 만일 한 번만 기준을 어겼다면 또다시 어기지 못하게 막을 도리가 없다. 당신이 표방하는 게 무엇인가를 결정하라. 그런 다음에 항상 그것을 지켜라.

—클레이튼 M. 크리스텐슨 · 제임스 올워스 · 캐런 딜론,
〈당신의 인생을 어떻게 평가할 것인가〉 중에서

큰 원칙은 통째로 무너지지 않는다. '단 한 번'이라는 핑계로 어기면 균열이 생긴다. 그리고 그 균열은 또 다른 균열을 만들어낸다. 자신만의 원칙은 본인만 알기 때문에 남모르게 어길 수 있다. 그 순간 그 원칙은 끝이 나는 것이다. '단 한 번' 어겼더라도 다시 세울 것. 그리고 끝까지 지킬 것.

증상 6

성공에 대한 욕망

인간은 부족한 존재임이 분명하지만, 신은 불량품을 만들지 않았습니다. 우리는 모두 완전한 존재로 이 세상에 태어났습니다. 그리고 인간의 완성은 끊임없는 노력의 결과로 이루어집니다. 실패가 두려워 새로운 일에 도전하지 못하면 완성되지 못합니다.

인간의 가능성은 무궁무진하죠. 사람은 누구나 성공하고 싶어 합니다. 그런데 정말 성공하는 사람은 매우 적습니다. 그 이유는 무엇일까요?

6-1

성공을 불러오는 마음가짐

여러분은 성공한 인생을 살고 싶지 않으신가요? 지금까지 말하는 행복한 인생과 성공한 인생을 손에 얻고 싶지 않으신가요? 성공을 하려면 마음가짐부터 달라야 합니다. 마음가짐이 달라진다면 생활도 달라질 것이고, 환경도 주변인도 바뀔 것입니다. 어떻게 달라져야 할까요?

처방전 134 하루 반성하기

세상에서 성공한 사람들에게는 대부분 항상 자신을 돌아보는 습관이 있다. 오늘 자신은 어땠는지, 오늘 하루는 좋았는지 매일 바보처럼 철저히 되돌아보라. 1년에 한 번밖에 돌이켜보지 않는 사람과 1년에 365번 돌이켜보는 사람 중 과연 누구의 인생이 잘될까. 생각할 것까지도 없다. 날마다 성실하게 자신을 돌아보는 습관을 들이면 마침내는 자신의 인생을 스스로 조절할 수 있다.

—고미야 가즈요시, 〈프로의 경지〉 중에서

하루를 평범하게 살면 돌아볼 것이 적다. 그럴수록 반성해 봐야 내일을 평범하지 않게 살 수 있다. 하루에 1퍼센트씩만 바꾸어 나간다면 그 하루가 지나서 돌아봐야 할 일들도 늘어나게 될 것이다. 자유롭게 삶을 변화시키는 꿈같은 인생, 오늘 하루 반성에서 시작할 것.

처방전 135 미루는 것을 멈춰라

'24시간이 주어져 있다'고 생각하면 하릴없이 뒹굴 거리며 텔레비전이나 보고 있을 테지만, '2시간밖에 없다'고 인식하면 자신에게 더 도움이 되는 일을 하려고 할 게 분명하다. 그렇기 때문에 내 시간관리의 기본은 '2시간뿐이다'라고 생각하고 일정을 계획할 필요가 있다. 그러며 일의 우선순위도 정해지고, 하고 싶은 일에 시간을 사용하기 위해 그 이외의 시간에 대해서도 생각이 미치게 된다.

—미사키 에이이치로, 〈수첩 속 비밀〉 중에서

탁월한 사람들이라고 해서 하루에 24시간보다 더 많은 시간을 가지는 것은 아니다. 그들은 남들이 허투루 보내는 시간을 유익하게 쓰는 사람들이다. 이것저것 미루다 아무 것도 하지 못할 수 있다. 오늘 이 순간을 유익하게 사용할 것.

처방전 136 한 가지 일이라도 집중해서 할 것

우리에게 주어진 시간과 에너지는 한정되어 있다. 그것을 너무 넓게 펼치려 애쓰다 보면 노력은 종잇장처럼 얇아진다. 사람들은 일의 양에 따라 성과가 점점 더 쌓이기를 바라는데, 그렇게 하려면 '더하기'가 아닌 '빼기'가 필요하다. 더 큰 효과를 얻고 싶다면 일의 가짓수를 줄여야 한다.

—게리 켈러 · 제이 파파산, 〈원씽 THE ONE THING〉 중에서

탁월한 능력의 소유자가 아니라면 동시에 여러 가지 일을 제대로 할 수 없다. 오히려 탁월하다고 인정받는 사람들은 한 가지 일을 제대로 한 사람들이다. 그 일을 제외한 다른 일은 제대로 하지도 못했고 실패했다고도 하는 사람들이다. 집중할 것. 한 가지 일에 몰두해 볼 것.

처방전 137 입단속을 철저히 하라

효과적인 입단속 기술은 우리의 성공과 실패를 좌우하는 최고의 기술이다. 자신의 학력과 경험, 성격은 잊어버려라. 말을 하기 전까진 아무 일도 일어나지 않는다. 모든 것이 우리의 입에서 나오는 말에 달려 있다. 우리가 인생에서 바라는 모든 것이 우리가 무슨 말을 어떻게 하느냐에 달려 있는 것이다. 그 사실을 잊고 말을 절제하지 못하면, 십중팔구 실패의 쓴잔을 마시게 될 것이다.

–로버트 제누아, 〈당신의 입을 다스려라〉 중에서

현대 사회는 말이 적은 사람이나 자신의 의견을 잘 드러내지 않는 사람은 문제가 있다는 판단까지 한다. 하지만 말의 힘은 양보다 내용에 있다. 말이 많은 사회에서 조용히 자신의 일에만 충실한 사람이 돋보일 수 있다. 신중히 말할 것. 입단속을 철저히 할 것.

처방전 138 결과보다 과정을 보자

자신의 능력과 지식을 지속적으로 개발하고 발전시키려는 목표를 일컬어 심리학자들은 '향상 목표mastery goal'라고 부른다. 향상 목표를 추구할 때 사람들은 결과를 기준으로 스스로의 가치를 평가하지 않는다. A학점을 놓치거나 매출 목표를 달성하지 못했다고 하더라도 스스로를 패배자라고 생각하지 않으며, 오히려 목표 달성을 위한 과정에서 얻은 새로운 지식과 경험을 소중하게 여긴다.

–하이디 그랜트 할버슨, 〈기회가 온 바로 그 순간〉 중에서

사람들은 '향상 목표'보다는 '성과 목표performance goal'를 정하고 어떤 선에 도달하려고 한다. 하지만 성과 목표보다는 자신을 이기는 것이 더 중요하다. 성장을 통한 승리를 이룰 때 경쟁에서도 성공할 수 있다. 목표를 향해 나아가는 여정 속에서 성장한 자신을 볼 것.

처방전 139 하루를 절실한 마음으로 보내라

내겐 내일이 없다.

나는 발레를 시작한 후 지난 30년 이상을 시한부 인생으로 살아왔다.

내게 내일은 없다는 생각으로 오늘을 맞이했고,

절실하게 맞이한 오늘을 100% 살아냈다.

그 하루가 모여 지금의 내가 되었다.

–강수진, 〈나는 내일을 기다리지 않는다〉 중에서

내일에 대한 고민만 하면서 오늘 하루를 보낸다면 내일은 결코 나아지지 않는다. 100퍼센트 오늘에 집중하여 오늘의 할 일을 할 때 내일은 나아진다. 오늘은 영원히 다시 오지 않고 오늘로써 끝나는 시한부이기 때문이다. 하루를 충실하게 살 것. 간절하게 하루를 보낼 것.

처방전 140 변명습관을 버려라

우리는 살면서 겪는 일에 책임을 지는 법을 배워야 합니다. 책임을 지거나 안 지거나 둘 중 하나입니다. 중간지대란 없습니다. 누구에게나 어려움이 있고 문제가 있습니다. 성공은 그러한 어려움과 문제를 해결하는 데 있습니다. 성공하고 싶다면 자신 외의 다른 사람에게 손가락질할 생각은 마십시오. 누군가 '그래 맞아. 내 책임이야' 하고 나서기 전까지는 상황은 바뀌지 않습니다.

–덱스터 예거 · 존 메이슨 · 스티브 예거, 〈끝없는 추구〉 중에서

살아가면서 변명처럼 편한 책임회피도구가 없다. 하지만 변명을 댄다고 해서 상황이 좋아질리 없다. 변명이 습관이 되면 어떤 일도 성공할 수 없다. 실패한 일의 책임을 자신에게 돌릴 때 비로소 잘못된 점을 파악하고 그 실패를 거듭하지 않을 수 있기 때문이다. 변명을 그만둘 것. 책임지는 사람이 될 것.

6-2

멀리 있지 않은 성공의 비결들

역사적으로 유명한 발명과 발견들 중에는 일을 놓고 쉬거나 다른 활동을 할 때 우연히 이루어진 경우가 많습니다. 성공은 우리와 그렇게 멀리 떨어져 있지 않습니다. 번뜩이는 아이디어를 줄 만한 소재가 일상에 숨어 있을 수도 있죠. 가까이 있는 성공을 잡으려면 어떤 마음으로 일상을 대해야 하는지 궁금한가요?

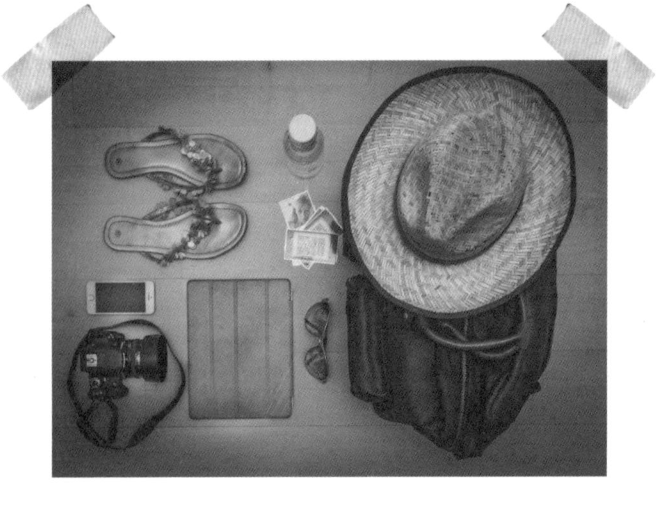

처방전 141 놓으면 잡힌다

책상 위에 형체도 없이 어지럽게 널려 있는 육중한 서류 더미와 씨름하느라 골치를 썩고 있다면 잠시 일을 내려놓자. 낮잠을 자든 영화를 보든 하자. 잡지를 읽어도 좋고 낱말 맞추기도 좋겠다. 잠재의식이 자연스레 일을 풀어나갈 것이라고, 필요한 답을 알아서 찾아다 줄 것이라고 믿어보자.

—카렌 살만손, 〈위대한 직감: 24시간을 이기는 1분〉 중에서

상상력이나 창의력은 완전히 새로운 하나의 것을 찾아내는 것이라기보다는 기존의 것들을 새롭게 연결시키는 작업이다. 빈손이 되어야 잡히는 것이 있다. 잠시 멈추고 손에 잡고 있는 것을 모두 놓아볼 것.

처방전 142 지금 가진 것을 원하라

우리가 지금 가질 수 없는 것을 원할 때 고통스러워진다는 걸 모르는 사람은 없다. 그런데 왜 생각의 방향을 바꿔서, 지금 가진 것을 원하겠다고 결심하지 못하는 걸까? 내 말이 이상하게 들리는가? 그럼 다시 생각해 보자. 우리가 불행한 것은 우리가 갖지 못한 것을 바라기 때문이다! 너무 간단하지 않은가? 그렇다면, 우리가 가진 것을 원하지 못할 이유가 어디에 있을까?

—바바라 버거, 〈불안한 나로부터 벗어나는 법〉 중에서

불행의 대부분은 현재에 만족하지 못하는 데 있다. 가지고 있는 것, 누리고 있는 것보다 더 많은 것을 원하기 때문에 항상 불만인 것이다. 크기나 양에 상관없이 지금 가지고 있는 것, 할 수 있는 것에 만족한다면 결코 불행해질 수 없다. 갖고 있는 행복을 누려볼 것.

처방전 143 주변인을 바꿔라

많은 부모들이 아이가 자신보다 공부를 더 잘하는 친구를 사귀기를 원한다. 하지만 많은 부모들이 아이들 교육에 있어 환경의 중요성을 강조하면서 자신들의 환경을 바꿀 생각은 하지 못한다. 당신이 성장하고 있지 않다면 지금 당신을 둘러싼 환경은 더 나은 미래를 보장해 줄 수 있다. 미래를 바라보고 성장하는 사람들로 내 주변을 바꾸어보자.

–김지미, 〈자신을 위해 사는 용기〉 중에서

인간은 사람과 사람 사이에 관계를 맺어가며 성장하기도 하고 퇴보하기도 한다. 성장하지 못한다면 인간관계에 문제가 있는 것이다. 현재 자신의 모습은 지금까지 어떤 사람들과 가까이 지냈느냐와 다름없다. 현재의 모습에 만족하지 않는다면 주변을 바꿔나갈 것.

처방전 144 재능 중 하나에 집중하라

"누구나 관심은 많을 수 있다. 또 자신은 어떤 것에 뛰어들어도 잘할 수 있을 것 같다는 생각을 할 수 있다. 그러나 관심과 재능은 구분되어야 한다. 재능은 한 분야에 집중되어야만 성공이라는 이름을 얻을 수 있다." 패션계의 거장 조르조 아르마니의 말이다. (……) 여러 방면에 관심이 많은 사람들의 가장 큰 단점은 무언가에 '걸어보지' 않는다는 거다. 성공이라는 이름은 자신이 가진 재능 중 하나에 자신의 삶을 '걸었을 때' 얻어지는 과실이다.

—윤태익, 〈노력 보존의 법칙〉 중에서

대학입시 위주의 교육은 어려서부터 모든 과목의 공부를 잘 하도록 압박한다. 공부도 하나의 재능인데 재능이 없는데도 억지로 공부를 하니 어려운 것이고 그걸로 성공하는 사람이 적은 것이다. 성공하는 사람은 남보다 한 가지를 탁월하게 잘하는 사람이다. 재능을 찾을 것.

처방전 145 문제를 다시 생각하자

우선 문제가 되지 않는 문제를 버리자. 아이가 말을 듣지 않는가? 공부를 싫어하는가? 괜찮다. 당신도 어린 시절에 그러지 않았는가? 그래도 훌륭한 어른으로 성장하지 않았는가. 만약 '나처럼 되지 않길 바란다'는 마음이라면 현재 당신 자신의 과제를 해결하는 것이 먼저다.

—스즈키 에이치, 〈베리 심플〉 중에서

문제가 없는 사람은 없다. 살아 있는 동안 문제없는 날은 없을 것이다. 그러니 매일 집 안의 먼지처럼 쌓이는 문제를 한탄하기보다는 어떻게 청소할 것인가를 고민하는 편이 낫다. 기적은 자신을 바꿀 때 일어난다. 외부 문제보다 가까운 내부 문제에 초점을 두고 변화할 것.

6-3

당신도 할 수 있다!

성공은 왜 이렇게 멀게 느껴지는 걸까요? 그렇다고 지금이 실패한 인생이라고 느껴지는 것도 아닙니다. 다만 어중간한 나날이 지루하게 반복된다는 인상을 주겠죠. 그래도 희망을 가져야 변화가 가능하고 성공이 가능합니다. 혹시 한 걸음 나아가면 성공할 수 있는 목표를 가지고 있지는 않으신가요?

처방전 146 어려움을 피하지 말자

무슨 도전을 하든지 고통이 없으면 아무것도 얻을 수 없다. 사람들은 인생이 너무 원만하고 지루할 때 어려움을 찾아 나선다. 따라서 자신을 괴롭히는 것은 아주 좋은 일이다. 고난을 극복하는 것은 마치 수혈을 받고 소생하는 것과 같다.

–레슬리 가너, 〈나를 괴롭혀라〉 중에서

미리 어려움에 단련이 되어 있으면 뜻하지 않은 고난이 닥쳐도 쉽게 극복할 수 있다. 그리고 새로운 도전을 두려워하지 않게 된다. 그런 사람은 스스로 만든 고난을 통해 성장할 수 있음을 알기 때문에 도전을 멈추지 않는다. 운동이나 외국어 공부 등에 도전해 볼 것.

처방전 147 작은 차이가 큰 차이를 만든다

사다리를 지고 가서 후지산 꼭대기에 내려놓고, 그 발판을 딛고 올라서면 일본 역사상 가장 높은 곳에 서게 됩니다.

–사이토 히토리, 〈철들지 않은 인생이 즐겁다〉 중에서

1등은 무언가를 최초로 하거나 남보다 조금 더 잘 한 사람이다. 자기보다 나은 사람이 없을 때 1등이 되는 것이다. 그런데 1등과 2등 사이는 사람들이 생각하는 것만큼 큰 차이가 아니다. 2등보다 단 0.1초만 앞서도 최초가 되고 최고가 될 수 있다. 작은 차이를 만들 것.

처방전 148 승진하는 사람들의 비밀

조직에서 인정받는 사람, 승진하고 발탁되는 사람은 누구인가? 여러 답이 있을 것이다. 하지만 분명한 점은 일단 사장과 가까운 곳에 있는 사람에게 기회가 많다는 것이다. 또는 사장이 아니더라도 결정적 인사권을 쥐고 있는 사람 근처에 있어야 가능성이 커진다.

–신현만, 〈회사가 붙잡는 사람들의 1% 비밀〉 중에서

미국의 헤드헌팅 회사가 경영자 1,300명을 조사한 결과, 그들은 자신이 자주 보는 직원을 윗자리로 발탁했다고 한다. 실력을 갖추는 것은 기본이지만 그 실력을 알려서 윗사람의 눈에 잘 띄어야 한다는 것이다. 회사나 조직에서 높은 위치에 오르고 싶다면 회사를 위해 헌신하는 모습을 보일 것. 그리고 사장에게 자주 얼굴을 보일 것.

처방전 149 이기는 싸움을 하자

늘 좋은 성과를 내는 사람은 질 것 같은 싸움에는 아예 들어가지 않는다. 아이디어는 잘 내지만 숫자 계산에 약한 사람은 회계 관련 업무를 맡지 않는다. 자신이 잘하는 부분을 강력하게 만들기에도 시간이 부족하다는 사실을 알기 때문이다. 이기는 싸움에만 들어간다는 것은 목표를 이루기 위해 자신이 해야 할 일과 하지 말아야 할 일을 정확하게 안다는 것이다.

—전옥표, 〈빅 픽처를 그려라〉 중에서

사람들은 이길지 질지 판단조차 하지 않거나 잘 모르고 질 싸움에 뛰어든다. 한국에서는 교육열 때문에 이길 사람이나 질 사람이나 모두 학교 공부에 사활을 건다. 당연히 이기는 사람은 많지 않다. 처음부터 자신의 강점을 살려 집중할 것. 질 싸움은 포기할 것.

처방전 150 현실을 바로 보는 방법

상상의 힘을 이해하면 인간 행동의 근본도 이해할 수 있다. 인간은 자신이 '보는 것'을 얻으며 현실이 아니라 그 현실을 보는 시각에 따라 행동한다. 그리고 '사실'이라고 믿는 정보에 따라 일상의 크고 작은 결정을 내린다. 그러나 내가 '사실'이라 생각하는 것은 가족, 친구, 동료가 하는 말, 과거의 경험, 그리고 텔레비전에서 보고 들은 정보이다.

–데니스 웨이틀리, 〈마이 시크릿 가든〉 중에서

사람들이 보는 것은 실상이 아니다. 눈을 통해 들어온 정보를 해석한 뇌의 정보가 실상이 되는 것이다. 잘못된 정보에 의한 행동은 잘못된 결과를 가져올 수밖에 없다. 더 정확하게 현실과 사실을 받아들이려면 되도록 긍정적인 시각을 가질 것. 타인을 배척하지 않을 것.

처방전 151 부탁을 망설이지 말자

다음을 기억하자. 대다수 사람들은 그들이 살아가면서 이미 저지른 일이 아니라 미처 해 보지 못했던 일 때문에 후회한다. 그러므로 오늘 무언가 다른 사람에게 부탁해 볼 것이 있는지 생각해 보고, 한 번 실행해 보기를 권한다. 그 결과 당신의 삶이 영원히 달라질 수도 있다.

–탐 오닐, 〈1%의 원리〉 중에서

다른 사람에게 무언가를 부탁한다는 것은 쉬운 일이 아니다. 그런데 세상만사는 혼자의 힘만으론 이룰 수 있는 것이 많지 않다. 거절의 두려움 때문에 부탁을 시도조차 하지 못한다면 많은 일들을 이루지 못하고 묻어버리게 될 수 있다. 가볍게 부탁할 것. 어렵게 생각하지 말 것.

6-4

성공만 하는 사람은 없다

'실패는 성공의 어머니'라는 말이 있습니다. 실패 없는 성공은 없다는 것입니다. 실패가 아니더라도 고통과 고난은 반드시 거쳐야 하고 그래야 의미가 있고, 다른 사람들에게도 감동을 주는 성공 메시지가 될 수 있습니다.

세상에 성공만 하고, 행복하기만 한 사람은 없습니다. 때로는 고난과 역경에 흔들리기도 하는 것이 사람입니다.

처방전 152 성공에는 시련이 따른다

감동을 주는 이야기는 세상에 단 두 종류밖에 없다고 합니다. 하나는 '구멍에 빠지는 이야기'이고, 또 하나는 '구멍에서 빠져나오는 이야기'라고 합니다. 사람의 인생은 대부분 구멍에서 빠져나오는 이야기입니다. 이 이야기를 재미있게 만들려면, 구멍을 있는 대로 깊게 파서 발버둥 치게 만드는 수밖에 없습니다. 마찬가지로 인생은 시련이 클수록 극적이고 그 다음에 오는 성공의 의미가 커집니다.

–도이 에이지, 〈전설의 사원〉 중에서

이 세상을 사는 것 자체가 구멍 속을 헤매는 것이다. 하지만 세상에서의 성공은 그 중에서도 더 깊은 구멍 속에 빠졌다가 슬기롭게 빠져 나온 사람들의 몫이다. 남들과 같은 구멍보다는 자신만의 시련에 빠질 것. 그리고 그것을 이겨낼 것.

처방전 153 이 또한 지나가리라

모진 훈련을 견뎌내고 자신과의 싸움에서 이겨 세계 정상에 올랐던 이들은 한결같이 "이 또한 지나가리라"를 훈련의 모토, 삶의 좌우명으로 삼는다고 한다. (……) 하지만 진정한 승자는 정상 등극의 기쁨과 그 환호와 환희의 순간 역시 지나가리라는 것을 알고 있어야 한다. 그 환희와 환호를 강물처럼 흘려보내지 않으면 다음 번의 승리는 사실상 물 건너간 것이나 마찬가지다. 왜냐하면 그 환희와 환호에 취해 더는 나아가지 못할 것이기 때문이다.

―정진홍, 〈마지막 한 걸음은 혼자서 가야 한다〉 중에서

인간은 망각의 동물이기 때문에 아무리 고통스럽고 힘들더라도 지나면 모두 잊는다. 마찬가지로 아무리 기쁘고 즐겁더라도 그 기분이 오래가지는 않는다. 한 곳에서 지나가는 것을 붙들려고 애쓰지 말고 같이 흐를 것. 삶이라는 강물에 '현재'라는 배를 이끌어 갈 것.

처방전 154 좌절도 경험이다

지나친 좌절과 어려움은 인간을 무기력하게 만들지만 좌절 경험과 어려움의 결핍은 우리를 취약하게 만듭니다. 실제 상담에서 보면 좌절이나 어려운 경험이 많은 사람들만큼이나 그러한 경험이 부족한 사람들이 찾아옵니다. 좌절이나 어려움을 겪어보지 못한 사람들은 그것을 견뎌내는 힘도 부족하기 때문입니다.

–문요한, 〈문요한의 마음 청진기〉 중에서

어려운 문제와 씨름해서 그것을 해결하기도 하고 혹은 잘못되어 좌절할 수도 있다. 이 과정을 통해서 문제해결 능력도 커지고 인내심도 생기게 된다. 그래서 다음에는 쉬운 문제든 어려운 문제든 어떻게든 해결하려고 노력한다. 인내심을 가지고 어려운 문제를 포기하지 말 것.

처방전 155 고난은 열정을 부른다

참으로 놀라운 사실은 고난이나 역경을 겪는다고 해서 통상 삶에 대한 애정이 줄지 않는다는 것이다. 그와 반대로 삶을 더욱 열정적으로 살게 되는 듯하다. 우울증의 주요 원인은 오히려 삶에 대한 열정이 충만한 상태와 연관이 깊다. 욕망을 이루려고 있는 힘껏 노력하다 보면 흥분도 하고 기운도 나지만, 일단 욕망을 충족하여 승리감에 들뜨면 이내 공허감에 빠지는 것이다.

—윌리엄 제임스, 〈인생은 살아야 할 가치가 있는가?〉 중에서

기쁨은 고난과 싸울 때 찾아온다. 고난과 슬픔 없이 항상 기쁘기만 한 인생은 없다. 인생은 끝까지 일직선으로 뻗은 고속도로가 아니라 끊임없이 굴곡이 나타나는 산길이다. 그 산의 정상에서는 새로운 기쁨이 기다리고 있다. 승리감을 마냥 만끽하기보다는 고통스러워도 또 다른 산을 오를 것.

6-5

문제해결의 달인이 되는 법

이 세상에 아무런 문제없이 살아갈 수 있는 사람은 없습니다. 그러기에 우리는 문제없이 세상을 살아나가게 되기를 바라는 것이 아니라, 그 어떤 문제들 가운데서도 성공적으로 살아나가기를 원해야 합니다.

문제가 발생한다는 것은 우리가 살아 있다는 증거와도 같습니다. 문제 속에는 반드시 해답이 들어 있으니 외면하지 말고 정면에서 맞서 보세요.

처방전 156 문제해결에서 흥미를 찾아라

답을 알아내는 것보다는 문제를 해결하는 것이 흥미롭다.
마술의 기술이 공개되면 그것은 마법을 잃는다.
누가 이길지 안다면 축구 게임은 전혀 흥미롭지 않을 것이다.
일부 사람들은 성공을 거두고 거기에 만족하고 산다.
계속 모르고 살아가는 자가 진정한 행운아다.

—폴 아덴, 〈생각을 뒤집어라〉 중에서

인생도 영화처럼 내용을 먼저 알게 된다면 흥미롭고 경이로운 경험은 사라질 것이다. 누구도 미래를 예측할 수 없다. 다양한 가능성이 모두 배제되고 자신이 아는 결말을 향해 가는 인생은 결코 재미도 없고 행복하지도 않을 것이다. 모르고 살아갈 것. 흥미를 느낄 것.

처방전 157 인생의 허들을 넘자

산다는 것은 끊임없이 죽음을 피하는 것입니다. 죽음에 대한 위험은 인생에서 끊임없는 장애물로 나타납니다. 그것을 어떻게든 피하는 것, 그것이 사는 것입니다. 인생은 '허들(hurdle) 경기' 같은 것입니다. '허들 경기'는 뛰어넘어야 하는 허들이 수없이 놓여 있습니다. 산다는 것은 그것을 하나하나 뛰어넘어 가는 과정입니다. 허들을 보고 뛰어넘지 않으면 그 사람은 죽을 수밖에 없습니다.

–알루보물레 스마나사라, 〈붓다의 행복론〉 중에서

훌륭한 '허들 경기' 선수가 되기 위해서는 다른 운동선수들과 마찬가지로 훈련을 통해 몸과 마음을 단련해야 한다. 그리고 무엇보다 중요한 것은 바로 앞에 있는 허들에 집중해야 한다는 것이다. 이미 넘은 것은 잊고 다음 것도 미리 생각하지 말 것. 바로 앞의 허들을 똑바로 보고 집중할 것.

처방전 158 문제의 범위를 파악하자

어떤 사람은 세계 경제에 골머리를 썩고 어떤 사람은 옆집 개가 시끄럽게 짖어서 고민이다. 물론 개 짖는 소리로 고민하는 사람도 세계 경제 문제와 관계가 있다. 하지만 그것을 알아차리지 못한다. 그 사람이 극복할 수 있는 범위 내에서만 문제가 나타나고 보이기 때문이다.

—야마자키 다쿠미, 〈내 인생의 프로젝트〉 중에서

인생을 살면서 겪는 시험도 범위가 있다. 뉴스를 통해 매일같이 보도되는 엄청난 국내문제, 세계문제 등은 대부분의 사람들의 범위를 벗어나는 문제이다. 개인이 해결해야만 하는 문제들은 아주 가까이서 벌어지는 것들이다. 자신의 범위 안에서 답을 찾을 것.

처방전 159 때로는 적당히 무시하라

사람이 처한 어려움은 본인이 허락하지 않는 한, 결코 의식을 온통 점유할 수 없다. 문제는 청하지 않은 손님과 같다. 손님에게 예의를 갖추되 분명하게 지금은 초대할 수 없다고 말하면 된다. 그러면 보통은 손님이 가버린다. 그럼에도 머물러 있다면 무시하면 된다. 그를 공기처럼 취급하며 다른 것에 주의를 기울여라. 문제도 그와 같이 대할 수 있다.

–토마스 호엔제, 〈평정심, 나를 지켜내는 힘〉 중에서

아무 문제없이 살아가는 사람은 없다. 중요한 것은 문제를 대하는 방법이다. 당장 해결할 수 없는 문제에 사로잡히면 어떤 문제도 해결할 수 없다. 그런 문제 때문에 해결할 수 있는 문제도 그냥 떠안고 있게 되기 때문이다. 때로는 집착하지 말고 적당히 무시할 것.

처방전 160 문제, 기회의 또 다른 이름

'문제'를 나타내는 가장 좋은 단어는 '기회'이다. 문제나 어려움을 떠올리는 대신, 이제부터는 당신 삶에서 예상치 못했던 걸림돌을 도전이나 기회라고 일컫자. 기회는 우리 모두 열렬히 바라고 고대하는 것이다. 이 새로운 단어를 쓸 때, 문제나 어려움의 개수만큼이나 엄청난 기회들이 얼마나 많이 나타나는지 깨닫고 깜짝 놀랄 것이다.

—브라이언 트레이시 · 크리스티나 트레이시 스테인,
〈개구리와 키스를〉 중에서

문제가 없다는 것은 기회가 없다는 것이다. 거꾸로 문제가 많다는 것은 기회가 많다는 것이다. 문제를 기회로 보는 긍정적 사고로 전환하면 인생이 달라진다. 문제들을 적극적으로 해결하려고 노력할 때 비로소 좋은 기회로 밝혀질 것이다. 문제들을 외면하지 말 것.

처방전 161 해결하지 못해도 좌절하지 말기

달갑지 않은 상황에 처했을 때 맞서느냐 아니면 반대로 함께 가느냐는 자신에게 달렸다. 이상해 보일 수도 있겠지만 순응하고 함께 가는 것도 한 방법이다. 유약하거나 운명을 거스르지 못하고 체념해서 내린 결정이 아니다. 포기하거나 도망치는 것도 아니다. 반대로 상황과 동행하는 것은 책임 있는 결정이다. '그래, 좋아'하고 결정을 내리면 조건화된 나에서 벗어나 새로운 해결책을 찾을 수 있다.

—베르트랑 피카르, 〈인생의 고도를 바꿔라〉 중에서

인생에서는 수없이 많은 문제와 마주친다. 그 모든 문제를 해결할 수는 없다. 도전도 해 보기 전에 포기하는 것은 문제이지만, 해결하지도 못하면서도 계속해서 풀려고 하는 것은 더 문제이다. 해결할 수 있는 문제들을 빨리 해결하면서 살아갈 것. 과도하게 매달리지 말 것.

증상 7

건강 염려증

일생 동안 경험하는 건강상의 문제가 자녀뿐만 아니라 미래 세대에게 전이될 수 있다는 사실을 생물학자들이 밝혀냈습니다. 이 새로운 발견은 '후성유전학'이라는 이름으로 널리 알려졌지요.

그런데 일생동안 건강하게 살아갈 몸을 만들기 위해서는 단기간의 노력으로는 부족합니다. 그렇다고 해서 지나치게 몸을 걱정하게 되면 스트레스를 받아 역효과가 나기 일쑤입니다. 어떻게 하면 건강한 몸과 마음을 지킬 수 있을까요?

7-1

먹는 음식이 곧 나다

건강한 신체는 몸으로 들어가는 것과 몸 밖으로 나오는 것이 조화를 이루는 신체입니다. 그리고 우리가 먹는 것은 건강과 직결되는 문제죠. 건강관리를 하는 사람들은 대부분 식이조절부터 시작하고, 영양제를 챙겨먹습니다. 어떻게 먹어야 건강한 식습관을 들일까요?

처방전 162 음식을 의사로 만들기

음식은 우리의 적이 아니라 가장 좋은 의사가 되어야 한다. 음식은 배가 고플 때만 먹자. 시간이 되었다고, 심심하다고, 힘든 일을 하는 사이에 피곤하다고, 스트레스 받는 일을 한 뒤에 스스로에게 '상'을 주고 싶다고, 우울하다고, 화가 난다고, 질투가 난다고 먹지는 말라는 얘기다. 그리고 한 입 한 입 먹을 때마다 충분히 음미하자. 제일 중요한 것은 배가 더 이상 고프지 않으면 먹는 것을 멈춰야 한다는 것이다.

–도미니크 로로, 〈심플하게 산다〉 중에서

필요한 것 이상으로 음식을 섭취하는 것은 몸에 좋지 않다. 불필요한 부분은 쓸데없는 소화 에너지 소모로 이어지고 남는 부분은 몸 안에 쌓여 비만이 되기 때문이다. 좋은 의사가 처방한 약이라도 과다 복용은 독이 되는 법. 항상 적당한 양을 섭취할 것.

처방전 163 균형을 유지하라

음식 역시 영양분을 공급하여 우리 몸을 건강하게 유지해 주지만, 과식을 하면 건강을 지탱해주던 음식이 도리어 질병과 고통의 원인이 되기도 합니다. 식량이 부족한 나라에서는 굶주림과 기근이 커다란 고통이지만, 한편 음식이 풍부한 나라에서도 과식과 소화불량으로 인해 똑같은 고통을 겪고 있습니다. 과하면 아니함만 못합니다. 마찬가지로 모든 일은 지나침이 없이 균형을 유지할 때 조화를 이루고 '행복'을 느끼게 됩니다.

–달라이 라마, 〈달라이 라마의 행복찾기〉 중에서

인간의 욕구는 끝이 없지만 필요는 어느 정도가 되면 채울 수 있다. 필요와 채움이 균형을 이룰 때 진정한 행복을 느낄 수 있다. 건강도 마찬가지이다. 필요한 것이 충분히 채워졌다면 채우는 것을 과감하게 그만둘 것.

처방전 164 과식은 면역력을 낮춘다

파스퇴르연구소의 연구에 의하면, 인터페론이라는 항암 물질이 정상인에게는 6000유니트 정도인데, 암 환자들은 평균적으로 2000유니트 정도로 저하되어 있다고 한다. 소식과 생식을 하고 있는 사람들은 1만 2000~2만 4000유니트 정도이나 주로 동물성 음식을 과식한 사람들은 압도적으로 인터페론의 수준이 낮다. 과식을 하면 면역을 담당하는 백혈구가 핏속의 찌꺼기를 잡아먹느라 지쳐서 면역력이 낮아지게 된다.

–전홍준, 〈비우고 낮추면 반드시 낫는다〉 중에서

모든 병의 근원은 과로, 스트레스, 그리고 과식으로 인한 피의 오염이다. 과식은 비만의 원인이 될 뿐만 아니라 피에 독을 만드는 원인이 된다. 화학물질로 오염된 고칼로리 불량식품에서 벗어나 채식 위주의 자연주의 식사를 실천할 것.

7-2

마음건강을 만드는 비법

인간은 오래 앉아 있는 것이 아니라 움직이도록 설계된 기계라고 합니다. 기계도 운전하지 않고 가만 두면 녹이 슬듯이 인간의 몸도 오랫동안 움직이지 않으면 탈이 납니다. 실제로 TV 시청 시간이 길어질수록 심장병 발병 확률이 높아진다는 연구 결과도 있습니다. 운동을 실천해 보는 건 어떨까요?

처방전 165 움직여야 산다!

세계보건기구(WHO)의 지침에 따르면 현대인이 앉아 있는 시간이 워낙 길기 때문에 매일 30분씩 걷는 것만으로는 부족하다고 한다. 30분만 움직이면 된다고 믿고 하루 종일 앉아 있는 사람들에게는 정말 놀라운 소식일지도 모르겠다. 하루에 30분간 움직이든, 아무것도 하지 않든 건강에 적신호가 켜질 위험은 똑같다는 것이다. 무조건 많이 움직이는 것만이 답이다.

–앤서니 그랜트 · 앨리슨 리, 〈행복은 어디에서 오는가〉 중에서

과학기술의 발달로 몸을 많이 쓰는 직업이 점점 줄어들고 있다. 이로 인해 심혈관 계통 질환, 우울증 등이 급격히 늘어나고 있다. 하루 30분으로는 모자르다. 더 많이 움직일 것. 주말에라도 밖으로 나가 밀린 움직임을 보충할 것.

처방전 166 운동은 노화를 늦춘다

갓 은퇴한 사람을 대상으로 실시한 어느 연구에 따르면, 운동을 하는 사람은 은퇴한 지 4년 후에도 뇌의 혈액의 흐름이 별로 변화하지 않았으나 비활동적인 사람은 상당히 감소한 것으로 나타났다. 새로 태어난 뉴런이 활발하게 자라지 않으면 뇌는 죽어가는 것이다. 운동은 스트레스 한계점이 낮아지는 현상을 늦추기 때문에 노화에 역행하는 얼마 안 되는 방법 중 하나다.

–존 레이티 · 에릭 헤이거먼, 〈운동화 신은 뇌〉 중에서

머리를 많이 쓰는 활동을 하면 치매에 걸리지 않는 것처럼, 신체적 활동에 따라서도 뇌가 활성화된다. 대단한 운동이 아니더라도 몸을 많이 움직이면 뇌신경도 새로 자랄 수 있다. 정기적인 운동, 취미 활동이나 봉사 활동을 시도할 것. 노화를 늦추고 삶의 질을 높일 것.

처방전 167 몸을 노출시켜라

대도시 사람들은 시골 사람들이 즐기는 각종 수렵이나 육체노동 대신 스포츠를 즐깁니다. 그러나 도시의 어떤 체육관도 산기슭에서 불어오는 상쾌한 바람을 우리에게 선물해주지 못합니다. 우리는 몸을 움직여야 합니다. 노동 외의 시간에도 몸을 강제로 움직여야 합니다. 뿐만 아니라 대기에 신체를 노출시켜야 합니다. 매일 신체를 외부환경에 노출시킴으로써 우리 몸은 건강해집니다.

—P.G. 해머튼, 〈지적 생활의 즐거움〉 중에서

도심을 벗어나 야외로 나들이를 나가면 몸으로 느끼는 것이 신선한 공기이다. 눈에 보이지 않아 신경을 덜 쓰는지 모르겠지만, 도시에 사는 현대인의 몸에는 신선한 공기가 절박하다. 가끔은 도시를 벗어날 것. 상쾌한 바람을 쐬며 몸을 챙길 것.

처방전 168 웃으면 운도 좋아진다

논바닥은 진흙투성이가 되어 수확을 망쳤고 풀밭에도 앉을 수 없게 되었다며 투덜댄다고 해서 아무것도 달라지지 않는다. 비 오는 날에는 한층 더 환한 얼굴이 보고 싶어지는 법이다. 그러니 날씨가 궂을수록 더욱 환한 표정을 짓자.

–알랭, 〈행복론〉 중에서

고통스럽고 불행한 가운데 살다 보면 얼굴을 찡그리게 된다. 하지만 어두운 표정을 짓는다고 해서 상황이 달라지는 것은 아니다. 어려운 일이 있더라도 좋은 일이 있으려는 것으로 생각할 것. 남이 웃겨주기를 기다리지 말고 먼저 웃을 것.

처방전 169 울고 싶을 땐 울자

울고 싶을 때는 아무 생각하지 말고 마음 내키는 대로 울자. 슬프거나 감동을 받았을 때는 남들 눈치 보지 말고 눈물을 흘리며 자신의 감정을 표현하자. 그러면 속이 후련해질 것이다. 이 사실은 미국 인디언인 호피 족들도 이미 알고 있었다. 그들은 말한다. "우는 것을 두려워하지 마라. 울음은 그대 마음의 슬픔을 내보내 줄 테니까."

–가바사와 시온, 〈괴로움을 즐거움으로 바꾸는 7가지 방법〉 중에서

울고 싶을 때 마음껏 울지 못하는 것도 스트레스로 남는다. 울지 못해 슬퍼지는 것이 우울증으로 발전할 수도 있다. 울지 못하고 가슴에 담아놓은 슬픔이 있다면, 한껏 울고 떨쳐버릴 것. 가슴 속의 울음을 모두 쏟아내고 스스로 치유할 것.

처방전 170 마음 소모를 줄여라

마음을 소모시키지 않기 위해, 약해지지 않는 마음을 기르기 위해 가장 중요한 한 가지, 그것은 바로 분명하게 말하는 것입니다. 하고 싶은 일을 하지 못하고 하고 싶지 않은 일을 할 때 마음이 소모된다고 했습니다. 이것을 바꿔 말하면 하고 싶은 말을 하지 못하고 하고 싶지 않은 말을 할 때 마음이 소모된다고 할 수 있습니다.

-고코로야 진노스케, 〈약해지지 않는 마음〉 중에서

하고 싶은 말을 하지 못하면 스트레스가 된다. 말을 못하거나 참으면 마음이 소모되어 결국 병이 생긴다. 하고 싶은 말을 모두 하기 위해 용기를 낼 것. 자신의 마음을 보호하고 타인의 마음도 보호할 것.

처방전 171 마음을 비우고 숙면하라

'리離*'는 초조, 망상, 집착, 의혹, 조급 등 사람의 마음을 불안하게 만드는 모든 요소를 두 눈을 감은 순간에 칼로 베어 버리듯 없애버린다. 즉 마음을 백지상태로 만든 후에 잠드는 것이다. 이 방법을 자유롭게 조절할 수 있게 되면 수면과 각성이 쾌적해진다. 바로 숙면에 빠지기 때문에 깊을 잠을 잘 수 있고 단시간 수면이라도 피로가 풀린다. 그래서 언제든지 잠을 자고 또 깰 수 있는 것이다.

–사쿠라이 히데노리, 〈원숭이는 적을 만들지 않는다〉 중에서

몸과 마음에 가장 중요한 것이 피로회복이다. 잠을 잘 자야 몸이 쾌적하고 마음이 상쾌해져 건강한 생활을 할 수 있다. 잠을 잘 때는 잡생각을 치우고 백지 상태의 머리로 숙면을 취할 것. 자기 전에 머리와 마음을 깨끗하게 싹 청소하고 잠자리에 들 것.

* 리(離)는 불교 용어로, 택멸 또는 열반의 다른 말이며, 또한 불교의 수행법 중 하나인 4세 16행상 가운데 한 요소이다. (위키백과)

처방전 172 긍정 태엽을 감아라

"사람의 마음은 끊임없이 동력을 소모하는 시계와 같다. 매일같이 긍정적인 사고로 태엽을 감아주어야 한다." 대주교 풀턴 쉰(Fulton Sheen)의 이 말에 나는 큰 감명을 받았다. 우리는 하루하루를 부정적인 사고나 행동의 영향에 둘러싸인 채 보낸다. 그렇기에 긍정적인 생각으로 마음을 채우고 있는지 수시로 점검할 필요가 있다. 자칫하다가 부정적인 생각의 물결에 휩쓸릴 수 있으니 말이다.

—돈 에직, 〈반짝반짝 빛나는 인생〉 중에서

긍정적인 생각은 태엽처럼 감아줘야 하고, 배터리처럼 충전해줘야 한다. 음악 감상, 산책, 명상, 독서, 사우나 등 긍정 태엽을 감아주는 활동을 미리 염두에 둘 것. 에너지 소모가 많은 날이면 긍정 태엽을 감아줄 것.

처방전 173 전자 소음을 없애라

고로 나는 이렇게 조언하고 싶다. 소음을 없애라. 하루에 적어도 한 시간은 전자기기를 꺼놓고 지내라. 혼자서 평화롭게 있을 수 있는 공간에서 지내보라. 한동안 아무것도 하지 않을 때마다 무언가 값진 것을 얻게 될 것이다. 의식적 사고보다 더 강력한 비의식적 사고가 해주는 말에 귀를 기울이기만 한다면 말이다. (로저 생크)

—윌리엄 폴 영 · 앤디 앤드루스 · 로버트 아우만 등,
〈버려야 보인다〉 중에서

사람의 뇌가 활발히 움직이는 때는 아무런 방해 없이 어떤 문제를 풀기 위해 집중할 때이다. TV, PC나 스마트폰은 그런 순간을 줄이고 생각을 방해한다. 전자소음을 줄여야 뇌가 활발히 움직이고, 건강하게 살 수 있다. 전자기기를 멀리할 것.

7-3

100세 시대, 나를 최적화하기

요즘은 흔히 백세시대라고 부릅니다. 평균 수명이 매우 늘어났기 때문이지요. 그런데 긴 수명을 가지는 것도 중요하지만, 그 시간 동안 얼마나 건강한지에 따라 장수인지 아닌지 판가름 나는 건 아닐까 생각합니다. 건강하게 오래 살려면 어떻게 해야 할까요?

처방전 174 독서로 두뇌운동 하기

"독서와 장수는 분명히 상관관계가 있다. 독서는 생각으로 이어지는 작업이다. 또한 책을 많이 읽으려면 도서관이나 서점을 부지런히 찾아다녀야 한다. 이것만으로도 체력이 길러지는 동시에 두뇌운동이 된다. 그러므로 독서는 건강과 직결되어 있다고 말해도 과언이 아니다."

–와타나베 쇼이치, 〈지적으로 나이 드는 법〉 중에서

신체 근육도 사용하지 않으면 퇴화하듯 뇌 속의 신경도 사용하지 않으면 퇴화한다. 심하면 치매로도 이어질 수 있다. 그리고 치매 예방에는 독서가 좋다는 사실이 밝혀졌다. 독서를 통해 지속적으로 새로운 생각을 할 것. 가까운 도서관에도 찾아가볼 것.

처방전 175 뺄셈의 사고방식을 가져라

새로운 건강법이나 건강에 좋다는 음식은 속속 생겨나고 있습니다. 한차례 유행이 휩쓸고 지나가면 다시 새로운 건강법이 등장하고 대중은 다시 그 방법을 받아들입니다. 마치 도망자를 찾아 쫓아다니는 듯합니다. 지금의 건강 열풍은 덧셈의 사고방식입니다. 좋다는 것은 계속해서 받아들이는 것입니다. 그런 의미에서 본다면 선의 세계는 뺄셈의 사고방식입니다.

—마스노 슌묘, 〈일상을 심플하게〉 중에서

각종 식품이나 운동법, 다이어트 비법 등 건강관련 정보는 이미 차고 넘친다. 음식이든 운동이든 한 가지를 정해 꾸준히 먹고 움직이면 건강에 도움이 될 것이다. 건강에 우선적으로 중요한 것은 덧셈이 아니라 뺄셈이다. 건강식품을 먹지 않더라도 술 · 담배를 끊을 것.

증상 8

소확행을 원하는 당신에게

세상에 어떤 사람이 식당에 들어가 전혀 원치 않는 음식을 주문할까요? 그런데 우리 대부분은 생각을 하거나 대화를 할 때 그런 식으로 주문합니다. 원치 않는 일들에만 집중하고, 부정적이거나 부족한 것에만 집중하는 것입니다.

우리의 행복은 자기 자신이 스스로 주문해야 하는 음식과 같습니다. 소확행을 원하시나요? 그렇다면 무엇을 해야 행복할지 정확하게 알아야 할 필요가 있지 않을까요?

8-1

당신이 가지고 있는 소확행

사람의 욕망에 의한 물질적인 만족은 어렵게 얻은 것이라도 오래가지 못합니다. '쾌락적응'으로 인해 항상 한 단계 더 높은 욕구가 일어나기 때문입니다. 진정으로 가치 있는 것은 그것을 얻거나 소유했을 때보다 그것을 얻기 위해 노력하는 과정에서 최대의 가치를 느낄 수 있습니다. 노력하고 계신가요? 그럼 행복은 이미 당신의 것입니다.

처방전 176 적음의 행복을 생각하라

'더 적게'가 때로는 '더 많은' 효과를 낸다. 참된 향유는 부족함에서 생기는 것이다. 금이 가치가 있는 이유는 빛나기 때문만이 아니라 보기 드물기 때문이기도 하다. 이와 반대로 우리 사회는 부유하고 풍족하다. 모든 사물들을 너무 쉽고 값싸게 가질 수 있기에 그 가치가 떨어지는 것이다.

–바스 카스트, 〈선택의 조건〉 중에서

남의 떡이 더 커 보이기 마련이지만, 그것이 자신의 손에 들어왔을 때는 본래 크기로 작아진다. 손이 비었을 때 세상의 어떤 것이든 쥘 수 있다는 희망도 생긴다. 많이 비울수록 많이 채울 수 있다. 많음에 대한 집착에서 벗어나 적음의 행복을 생각할 것. 소소한 행복을 찾을 것.

처방전 177 소유욕을 버리자

사람은 일단 손에 넣은 것은 '내 것'으로 소유하고 싶어 합니다. 자신이 소유한 것에 강하게 집착합니다. 그리고 그 집착으로 인해 손에 넣은 것과 자기 자신이 별개라는 것을 잊어버리고 그 결과, 그것들과 자기 자신을 일체화시켜버리는 것입니다. 그러므로 그것들을 잃어버렸을 때 자신의 일부가 떨어져나간 듯한 상실감을 맛보게 됩니다.

–노구치 요시노리, 〈행복하지 않은 날들이 주는 선물〉 중에서

이 세상에 태어나 얻는 모든 것들은 언젠가는 모두 잃을 것들이다. 한 번이든 여러 번이든 뺄셈은 일어난다. 이때 마치 나의 일부를 잃은 것처럼 상실감을 느끼게 된다. 하지만 원래의 자신은 변함이 없다. 오히려 이런 뺄셈의 끝에서 진정한 자기 자신을 찾으면 어디서 만족을 얻을 수 있는지 알 수 있다. 소유욕에서 벗어날 것. 자기 자신을 찾을 것.

처방전 178 좋아하는 마음 가지기

바다를 보면 기분이 좋습니다. 그럼 바다가 기분 좋은 걸까요, 내가 기분이 좋은 걸까요. 내가 기분 좋은 겁니다. 내가 기분이 좋은 것은 바다가 나를 좋아하기 때문이 아니라 내가 바다를 좋아하기 때문이에요. 산은 그냥 산이고 바다는 바다고 하늘은 하늘일 뿐입니다. 내가 이런 것들을 좋아하기 때문에 그냥 바라는 것 없이 좋아하고 행복해하는 것입니다.

–법륜, 〈인생 수업〉 중에서

가까운 사람끼리일수록 감정은 더 깊기 때문에 받는 것에 대한 집착도 강하다. 강한 보상심리 때문에 서로가 상처받는 일이 많이 생길 수 있다. 하지만 본인이 주는 만큼 받아야 한다는 집착을 버릴 때 다른 사람을 진정으로 사랑할 수 있고 행복해질 수 있다. 산이, 바다가, 동물이 당신을 좋아해서 좋아하는 게 아니듯, 보상심리를 버리고 좋아할 것.

처방전 179 행복은 자신이 만드는 것이다

행복의 분량은 모든 사람에게 똑같이 주어집니다. (……) 그럼에도 어떤 사람은 늘 행복해하고, 어떤 사람은 늘 불행한 얼굴을 하고 있지요. 그 차이는 행복을 느끼는 힘에 있습니다. 그 힘은 누구나 가질 수 있습니다. 방법은 매우 간단합니다. 그저 '행복이란 무엇인가가 만들어 주는 것이 아니라 스스로의 마음으로 느끼는 것'이라고 생각하면 됩니다.

–마스노 슌묘, 〈인생이라는 산에서 내려가는 연습〉 중에서

생각만 바꾸면 행복할 수 있기 때문에, 사람에 따라 행복의 분량이 달라지는 것은 아니다. 다만 시간은 정해져 있다. 행복은 살아 있는 동안 느낄 수 있다. 지금이라도 늦지 않았다. 매 순간 행복을 느끼려고 노력하고, 항상 감사하고, 남을 위한 일을 많이 할 것.

처방전 180 삶의 보물을 놓치지 마라

그때에 그는 후회와 혼동을 겪게 될 것인데, 그것은 마치 큰 재산을 소유한 사람이 그것을 낭비해 버렸거나 잃어버렸을 때와 같을 것이다. (……) 그러므로 매일 아침 자신의 영혼에게 "신(神)은 너에게 24개의 보물을 주셨다. 그 가운데 하나라도 잃지 않도록 주의하여라. 그것을 잃어버리고 나면 그 후회를 견딜 수 없을 것이기 때문이다"라고 말해야 한다.

–알 가잘리, 〈행복의 연금술〉 중에서

사람은 매일 24개의 보물을 받는다. 그 보물은 아무런 차별 없이 똑같은 개수와 똑같은 품질이다. 그 보물은 바로 시간이다. 불공평은 그것을 어떻게 사용하느냐에 따라 발생한다. 그리고 그 불공평은 자신의 몫이다. 보물은 그냥 버릴 수도, 잘 쓸 수도, 더 좋은 보물로 만들 수도 있는 것.

8-2

삶을 행복하게 만드는 간단한 방법

행복은 저절로 얻어지거나 거저 주어지는 것이 아닙니다. 아무런 노력을 하지 않는 사람에게 행복의 열매는 열리지 않습니다. 끝이 없는 고난은 없고 그 고난을 견뎌냈을 때 비로소 진정한 행복을 느낄 수 있습니다. 태어나서부터 죽을 때까지 행복한 환경 속에서 산다면 행복의 의미를 제대로 알 수 있을까요?

처방전 181 행복의 씨앗을 심어라

행복한 삶은 고난이 없는 삶이 아니라 고난을 이겨내는 삶이다. 행복은 끊임없이 굶주린 배를 채우는 일밖에 하지 못하는 야생동물에게는 의미가 없다. 행복해지려면 이성을 길러서 자신의 의지와 정신력을 일깨워야 한다. 다시 말해, 자기수양의 원리를 깨우쳐야 한다. 행복해지려면 행복을 낳는 일들을 해야 한다.

–헬렌 켈러, 〈행복해지는 가장 간단한 방법〉 중에서

헬렌 켈러는 '보이지 않으면 삶의 밝은 면이 보인다'고 했다. 행복은 외부의 절대적 상황이 아니라 내부의 상대적 상황이다. 어둠 속에서도 마음이 빛을 볼 수 있다면 그것이 바로 행복인 것이다. 어떠한 환경에서도 열매를 맺게 할 수 있는 행복의 씨앗을 심을 것. 어떠한 환경에서도 만족할 수 있는 마음을 만들 것.

처방전 182 잡동사니를 버리자

현재 나는 미니멀리스트(minimalist)다. 자아의 소망과 요구가 생활을 지배하던 때와는 완전히 다르다. 지금은 가진 것을 최대한 줄이는 것에서 커다란 즐거움을 얻는다. 가끔 옷장, 서재, 온갖 종류의 개인 물품을 뒤져서 남에게 준다. 고맙다는 인사는 전혀 기대하지 않는다. 사치품도 거의 필요 없다. 주거 환경에서 잡동사니를 덜 쌓아둘수록 기분이 더 좋아진다는 걸 알았다.

—웨인 다이어, 〈세상에 마음 주지 마라〉 중에서

진정한 자유는 아무것에도 얽매이지 않을 때 얻을 수 있다. 그리고 자신이 소유한 것들은 마음만 먹는다면 최소로 줄일 수 있다. 가진 것이 적으면 원하는 것도 적어진다. 책의 제목처럼 '세상에 마음을 주지 않는' 방법은 세상의 물건으로 인해 마음이 속박당하지 않는 것이다. 잡동사니를 버릴 것. 공간을 정리하고 새로운 마음으로 출발할 것.

처방전 183 등가교환의 법칙을 기억하라

소원을 파는 가게가 있다. 그 가게의 메뉴는 돈, 미인, 잘생긴 외모, 지식, 권력, 명예, 지혜, 모험, 창의력, 예술성, 상상력, 섹스, 유머 등 사람들이 간절히 갖고 싶어 하는 것들로 가득 채워져 있다. 그런데 안타깝게도 이 소원을 파는 가게에서는 한 사람당 한 가지만 살 수 있다. 또한 원하는 것을 하나 가져가면 자신이 가진 것 중 젊음, 사랑, 영혼, 쾌락, 친구, 가족, 믿음 같은 것들처럼 자신의 인생에서 가장 가치 있고 소중하다고 생각하는 것을 하나 내놓아야 한다.

–황재성, 〈소원 파는 가게〉 중에서

하나의 꿈을 꾸고 그것을 이루려면 하나의 가치, 때로는 많은 가치를 포기해야 한다. 공짜로 이루어지는 소원은 없기 때문이다. 한 가지 기억해야 하는 것은, 정말로 희생되어서는 안 될 가치가 있다는 것이다. 가족, 친구, 건강 같은 것은 한 번 내놓으면 다시 찾기 어렵다. 소중하게 지킬 것.

처방전 184 찌꺼기를 남기지 말자

하루하루 최선을 다하고, 그 찌꺼기가 남지 않게 살아야 합니다. (……) 우리는 누구에게나 양심이 있고, 이 양심에 저촉되는 일을 했을 때는 마음이 괴롭지만, 스스로 생각해도 '참 잘한 일'이라고 생각되면 기분이 좋아요. 이렇게 하루를 생활하고 난 이후에, 기억 속에 찌꺼기가 남지 않도록 하는 것이 잘 사는 길이며, 이것이 바로 행복입니다.

―월도, 〈마음이 머무는 곳에 주인이 되면〉 중에서

신진대사가 잘 되어 가벼운 몸이 건강하듯 마음도 잘 흘러가야 행복할 수 있다. 하루를 마치며 남는 마음의 찌꺼기는 모여서 쓰레기가 되고, 큰 짐이 된다. 버려야 할 것은 버리고, 주어야 할 것은 주고, 해야 할 것은 할 것. 마음에 찌꺼기를 만들지 않을 것.

처방전 185 책을 통해 변화하라

책을 읽으면 왜 인생이 바뀌고 전혀 다른 사람이 될 수 있을까? 책이야말로 내면으로부터 근본적인 변화를 이끌어내기 때문이다. 그런 점에서 책은 우리에게 여행을 다니는 것과 같은 영향을 준다. 하지만 여행은 시간과 공간에 제약을 받는다. 물질적인 측면, 사회적인 측면에서도 제약을 받는다.

–김병완, 〈나는 도서관에서 기적을 만났다〉 중에서

사람은 책을 통해 인생을 깊고 다양하게 파헤칠 수 있다. 그리고 그 경험을 통해 변화할 수 있다. 어떤 계기로 여행을 떠나 특별한 체험과 깨달음으로 인생을 변화시켰다는 이야기는 많다. 책은 그런 여행과 같은 것이다. 독서를 즐길 것. 독서라는 여행을 떠날 것.

처방전 186 작은 행복을 누려라

나는 내가 부자가 되어 누리는 행복 중에 비싼 시계를 산다든지 특이한 스포츠카를 사는 것에서 느끼는 행복보다 훨씬 작은, 그리고 자주 있는 소소한 지출에서 행복을 느낀다. 마켓에 들려 꽃 화분 몇 개를 한꺼번에 산다든지, 책방에서 가격표를 보지 않고 맘껏 책을 들고 올 때 부자로서 가장 행복을 느낀다. 작은 행복을 자주 느끼는 데 돈을 지출하는 것이 더 좋은 방법이다.

–김승호, 〈알면서도 알지 못하는 것들〉 중에서

로또에 당첨되거나 고가의 명품을 소유하게 되어도 그 행복감은 오래 가지 않는다. 사람은 만족감에 쉽게 적응하며 기억 또한 잊히기 때문이다. 큰 행복에만 가치를 둔다면 소소한 행복이 희생될 수 있다. 먼 곳에 시선을 두고 있기 때문에 눈앞의 것을 놓치는 것이다. 작은 것이 모여 오래 가는 행복을 찾을 것. '소소하고 확실한 행복'을 누릴 것.

8-3

인생에서 소중히 여겨야 할 것들

인생에서 행복을 누리려면 자신에게 소중한 것을 정확히 파악해야 합니다. 자칫하면 잊어버리고 다른 것을 추구하다가 돌이킬 수 없을 때가 되어서야 후회하게 되기 때문입니다. 여러분이 가장 소중히 여기는 것은 무엇인가요?

처방전 187 가족을 소중히

하나의 가족 … 두 사람이 만나서 씨를 뿌리고, 사랑으로 영양분을 주고, 눈물로 물을 주고, 그래서 18년이나 20년이라는 세월이 흐른 후, 그 동안 두 사람이 열심히 걸어온 그 길을, 이제는 스스로 걸어갈 수 있을 만큼 성숙한 인간으로 자란 아이들, 내게 있어 그만큼 중요한 일이 과연 무엇이 또 있을까?

–에마 봄베크, 〈가족에 미쳐라〉 중에서

평범한 사람이 이 세상을 떠날 때 남길 수 있는 위대한 유산은 바로 자녀이다. 아무리 문명을 발전시켜도 사람이 없다면 그 순간 모든 것은 끝나 버릴 것이다. 세상에서 가장 소중한 관계는 바로 가족이다. 가족 사랑을 실천할 것.

처방전 188 추억을 쌓아라

많은 전문가는 행복해지고 싶으면 물건을 사지 말고 추억을 사라는 이야기를 한다. 같은 돈이면 물건을 사지 말고 여행을 떠나거나 색다른 경험을 하라는 뜻이다. 물건으로 얻은 행복은 금방 사라지지만 추억으로 남는 행복은 생각했던 것보다 훨씬 오래간다. 그래서 아빠들은 아이들과 얼마나 많은 추억을 만들고 있는지 돌아봐야 한다.

—문은식, 〈새우잠자도 고래꿈꾸는 아빠〉 중에서

사람들의 기억에서 오래가는 부분은 좋은 추억이다. 실제로 사람들이 죽을 때 가장 많이 후회하는 것이 사랑하는 사람들과 좀 더 많은 시간을 보내지 못한 것이라고 한다. 가족들과 친구들은 영원히 곁에 있는 사람들이 아니다. 좀 더 많은 시간을 함께 보내고 추억을 쌓을 것.

처방전 189 자신에게 작은 보상을 선물하라

자동차, 휴가, 보트 및 기타 돈이 많이 드는 품목들이 효과가 좋기는 하지만 그것들을 손에 넣을 만큼의 돈을 모으기까지는 여러 해가 걸릴 수도 있다. 그보다 작은 단기 인센티브도 당신이 의욕을 잃지 않도록 하는 데에 대단히 효과적일 수 있다. 예컨대 자전거, 옷, 주말 여행, 신발, 장난감 같은 것들이 당신을 계속 목표에 매진하도록 만드는 데 필요한 것일 수도 있다.

―마크 맥키언, 〈고존으로 승부하라〉 중에서

큰 목표만 추구하다 보면 작은 즐거움을 놓칠 수 있다. 길고 험난한 여정에서는 작은 즐거움이 많을수록 가는 길이 수월해질 수 있다. 그리고 결국에 그 목표를 달성하지 못하더라도 그동안의 즐거움이 큰 위로가 될 수 있다. 스스로 소소한 보상을 선물하며 즐거움을 찾을 것.

처방전 190 버릴 수 있는 능력을 길러라

새로운 곳에 도전하고 싶은가? 기존의 것을 완벽하게 비워라. '제티슨'jettison이란 단어가 있다. 선박이나 항공기가 비상 상황에 처했을 때 사람의 생명을 제외한 화물을 바다에 버리는 것을 말한다. 아무리 값비싼 물건이라도 난파 위기를 당했다면 버리는 게 원칙이다. 새로운 곳에 도전하는 사람은 기존의 것을 완벽하게 버릴 일이다.

–한근태, 〈일생에 한번은 고수를 만나라〉 중에서

쌓인 짐이 무거워서 멈춰진다면 과감히 그 짐을 버려야 한다. 그리고 버릴 것을 추려 내려면 먼저 버리지 않을 것부터 알아야 한다. 모든 짐의 중요성을 동등하게 생각한다면 버릴 것이 없다. 그러니 과감하게 쳐내려면 인생의 중요한 것을 먼저 생각해 볼 것. 그리고 삶에 소중하지 않은 것을 과감히 분리할 것.

8-4

당신은 이미 특별하다

아무리 짧은 삶을 살더라도 세상에 아무 일도 안 하고 가는 사람은 없습니다. 어떠한 삶을 살더라도 우리는 세상에 태어난 사명을 다하는 것입니다. 지금 살아 있다면 사명을 수행하고 있는 중입니다. 단지 이 사실 하나만 깨달아도 우리는 지금의 사명을 좀 더 잘하려고 하고 좀 더 열심히 하려고 하지 않을까요?

처방전 191 상상력은 특별하다

멀티미디어를 통해 제공되는 화상과 소리들은 기술 수준이 낮은 책과는 달리 우리에게 상상력을 발휘할 기회를 주지 않는다. 어린이들이 읽기를 배울 때 처음 읽는 책은 그림이 많지만 읽기가 더 익숙해지면서 그림은 점차 문자로 대체된다. 결국 우리는 종이 위에 나열된 단어들만 보고 오직 상상력을 통해 전반적인 광경을 만들어내는 놀라운 능력을 가지게 된다.

–수전 그린필드, 〈브레인 스토리〉 중에서

상상력은 창조력과 문제해결력의 기초이다. 우리가 원하는 바를 얻기 위해서는 새로운 것을 찾아내고 지속적으로 부딪히게 되는 문제를 해결해야 한다. 개인과 인류의 발전은 항상 일반적인 지식이 아니라 그것들을 결합하는 새로운 생각에서 비롯되었다. 책을 읽을 것. 상상력을 기를 것.

처방전 192 사명 의식을 가져라

지구상에서
당신의 사명이
끝났는지 아닌지를 알아보는
시험이 하나 있다.

당신이 아직 살아 있다면,
사명은 아직 끝나지 않은 것이다.

—리처드 바크, 〈기계공 시모다〉 중에서

세상의 큰 변화는 거창하고 위대한 활동을 통해 이루어질 수 있지만, 개개인의 작은 변화가 모여 세상이 발전하고 때로는 잔잔한 파장이 큰 변화를 만들어내기도 한다. 살아 있는 동안 사명이 끝나지 않는다는 것을 깨달을 때 작은 변화는 시작될 수 있다. 삶의 순간순간을 충실하게 보낼 것. 사명을 잊지 말 것.

처방전 193 자기 자신이 되자

우리는 다른 사람과 차별적인 존재가 되고 싶어 합니다. 하지만 다른 존재가 되려고 노력한다고 해서 꼭 차별적인 존재, 눈에 띄는 존재가 되는 것은 아닙니다. 세상에 존재하는 어느 누구도 똑같지 않습니다. 각자는 유일무이한 존재입니다. 우리가 우리 자신이 되면 그때 비로소 그 자체로 차별적인 존재가 됩니다.

—문요한, 〈천 개의 문제, 하나의 해답〉 중에서

사람은 누구나 자유로운 존재가 되고 싶어 한다. 하지만 각자 자신이 아닌 남이 되려고 노력하기 때문에 스스로를 구속하며 살고 있다. 본인이 진정한 자신으로 살아갈 때 세상에서 가장 특별하고 강한 존재가 될 수 있다. 자신만이 가지고 있는 것은 다른 사람에게 없기 때문이다. 유행에 휩쓸리지 않을 것. 자유로운 자기 자신을 찾을 것.

8-5

행복에 왕도는 없다

미국의 온화한 지방에 사는 사람들은 추운 지방에 사는 사람들이 불행할 거라고 생각했습니다. 하지만 조사 결과, 두 곳의 사람들의 행복지수는 별 차이가 없었다고 합니다. 사람은 좋은 것이든 나쁜 것이든 시간이 지나면 적응하게 되어 있습니다. 행복에는 정해진 길이 없습니다. 그렇다면 어떤 마음을 가져야 행복해질까요?

처방전 194 시선을 돌리자

이런 장면을 한번 상상해보십시오. 사람들을 가득 태운 관광버스가 아름다운 경치를 뚫고 달립니다. 호수와 산봉우리와 푸른 초원과 강물이 끝없이 펼쳐집니다. 그런데 승객들 가운데 누구도 버스 창밖으로 전개되는 아름다운 광경에 눈길을 주지 않는 거예요. 여행하는 동안 내내 그들의 관심은 누가 좋은 자리에 앉을 것이며 사람들의 칭찬을 듣고 인기를 끌 것인지에 쏠려 있습니다. 그렇게 서로 눈치를 보며 머리를 굴리다가 여행을 끝내고 말았답니다.

–앤소니 드 멜로, 〈사랑으로 가는 길〉 중에서

행복과 불행은 눈길 하나의 차이이다. 관광버스 안에서 차 안을 보느냐, 창밖을 보느냐의 차이와 같다. 눈길만 돌리면 바로 느낄 수 있는 행복을 곁에 두고, 불행만을 보고 있는 것이다. 그것은 바로 아무리 채워도 채워지지 않는 세상의 욕망이다. 욕망을 버리고 창밖을 볼 것. 곁에 있는 행복을 놓치지 않을 것.

처방전 195 눈높이를 낮추자

1캐럿 다이아몬드 반지면 만족할 것 같았지만 옆 사람의 2캐럿짜리를 보면 속이 상한다. 집 하나만 사면 행복하겠다며 부부가 치열하게 돈을 벌지만 20평을 가지면 30평을 부러워하고, 30평을 가지면 역시 더 큰 집과 새로 지은 신형이 눈에 보인다. 그렇게 계속 50평, 100평 늘려 갈 수도 없다. 행여 이룰 수 있다고 해도 그것이 행복이 아니라는 것을 자각할 때 비로소 행복이 찾아온다.

–이종선, 〈성공이 행복인 줄 알았다〉 중에서

불행은 항상 위로 향하고 있는 시선에서 시작되는 것이다. 조금만 그 각도를 낮춰도 자신이 소유한 것들과 자신이 처한 상황에 대해 만족할 수 있고 행복할 수 있다. 눈높이를 낮출 것. 지금 가진 것들에 만족하고 비교하지 않을 것.

처방전 196 물질이 아닌 가치를 찾아라

물질에 내재된 고유한 속성 같은 건 없다. 물질 자체는 중립적인데, 우리가 멋대로 물질에 잘못된 가치를 부여하고 있는 것이다. 물질은 결코 행복을 주지 못 한다. 당신 말고는 아무리 아름다운 예술작품도, 그 어떤 것도 신성하지 않다. 진정한 행복은 자신을 보살필 때야 비로소 찾아온다. 자신 스스로가 행복한데 뭐가 더 필요하겠는가. 더 이상 바랄 게 없다. 당신의 인생은 만족스럽다.

–브룩스 팔머, 〈잡동사니로부터의 자유〉 중에서

만족하지 못하는 삶은 결국 좌절과 불행으로 끝이 난다. 영원히 채울 수 없는 욕망이니 그 끝이 올 수밖에 없는 것이다. 하지만 마음 하나만 바꾸면 영원한 만족을 얻을 수 있다. 그것은 자신을 소중하게 생각하는 것이다. 외부의 물질은 잡동사니이다. 물질이 아닌 가치를 추구할 것. 자신을 소중하게 여길 것.

처방전 197 계산기를 놓자

계산하기를 좋아하는 사람은 세상이 언제나 자신에게만 불공평하다고 느낀다. 이를 테면 하느님이 다른 사람에게는 모든 문과 창을 열어주면서 자신에게는 어떤 문과 창도 열어주지 않는다고 생각하는 것이다. 이런 고민이 길어질 경우, 마음은 항상 불편하고 걱정스러워 아무 즐거움을 느낄 수 없다. 그저 고민과 고통만이 가득하게 된다. 이런 상태로는 어떤 일도 잘 풀리지 않으며 무엇보다 편한 마음으로 살 수 없다.

–츠샤오촨, 〈느리게 더 느리게 2〉 중에서

다른 사람과 주고받는 것을 계산하면 행복을 느낄 수 없다. 그런 사람은 항상 본인이 덜 받는다는 결과로 돌아가기 때문이다. 진짜 행복은 주는 데 있다. 그런 즐거움을 아는 사람은 결코 인간관계 계산기를 두드리지 않는다. 계산기를 놓고 베풀며 살 것.

처방전 198 세상의 완전한 '내 것'은 없다

네가 갖고 있지 않는 것들에 대해 마치 이미 갖고 있는 양 연연해하지 마라. 오히려 네가 가진 것들 중에 가장 값진 것들을 골라, 만약 네가 그것들을 갖지 못했더라면 얼마나 그것들은 갈망했을지 생각해보라. 그러나 아무리 좋아도 그것들을 과대평가하는 버릇이 들지 않도록 조심하라. 언젠가 그것들이 없어지면 너는 안절부절못하게 될 테니까.

–마르쿠스 아우렐리우스, 〈명상록〉 중에서

마음의 불행은 스스로 갖지 못한 것을 마치 가진 것처럼 연연하다 갖지 못할 때 생긴다. 하지만 이 세상 어떤 것도 '나의 것'이 아니다. 자신을 제외한 모든 것은 이 세상을 살면서 잠깐 빌려 쓰거나 소모하고 가는 것이다. 스스로를 최고라고 생각할 것. 무소유의 가치에 대해 생각할 것.

처방전 199 행운은 때로 주관적이다

운이 좋다는 생각은 행복감과 마찬가지로 개인의 주관적인 감정이라 할 수 있다. 지옥 같은 세상에 살면서도 자신이 운이 좋다고 믿는 사람이 있다. 하지만 보통 사람들은 그를 결코 행운아라 부르지 않는다. 아무리 돈이 많아도 온종일 스스로 불행하다고 생각한다면 이 역시 운이 좋은 인생이라 말하기 어렵다. 결국 행운이란 것은 전적으로 주관적일 수는 없지만 당사자의 느낌을 소홀히 해서도 안 된다.

–류쉬안, 〈잘되는 나를 만드는 행운 연습〉 중에서

운이 좋다고 믿는 사람은 자신에게 절대 불운이 닥치지 않는다고 믿는 사람이 아니다. 전반적으로 운이 좋다고 생각하기 때문에 불운이 와도 거기에 빠지지 않는 사람인 것이다. 자신의 인생을 긍정적으로 바라볼 것. 행운을 불러들이기 위해 노력할 것.

처방전 200 고통이 있어야 행복이 있다

음식이 맛있다고 느끼는 것은 배고픔이라는 고통이 줄어드는 과정에 지나지 않는다. 그렇다면 배고픔의 고통이 없는 사람에게는 맛있는 음식이 있을 수 없지 않을까? 인생도 이와 마찬가지다. 고통에서 도망만 다니는 사람은 결코 인생의 즐거움을 맛볼 수 없다. 그렇기 때문에 의욕이 없거나 비겁한 사람은 인생의 진정한 행복과 인연이 없는 것이다.

–타카모리 켄테스, 〈내 인생의 꽃다발〉 중에서

배가 아주 고픈 상태에서는 어떤 음식도 맛있게 먹을 수 있다. 심한 고통 속에서는 작은 기쁨도 큰 기쁨이 될 수 있다. 연습의 고통은 완성의 즐거움을 가져다준다. 인생이 평탄하다면 작은 즐거움도 즐거움으로 다가오지 않을 것이다. 인생에 찾아온 고통을 끌어안을 것. 그 이후에 올 행복을 위해 노력할 것.

내 인생의 방향을 알려주는 책속의 처방전 200

마음을 토닥이는 책속의 명언들

초판 1쇄 발행 | 2019년 9월 2일

지은이 | 최영환
기획편집총괄 | 호혜정
편집 | 이다현 김정빈
기획 | 최유진
표지 · 본문 디자인 | 김민정
교정 · 교열 | 호혜정 최유진
홍보 마케팅 | 최미남 김태현

펴낸곳 | 리텍 콘텐츠
출판등록 | 제 2011-000200호
주소 | 서울시 용산구 원효로 153 원효빌딩 824호
전화 | 02-2051-0311 **팩스** | 02-6280-0371
이메일 | ritec1@naver.com
홈페이지 | http://www.ritec.co.kr
페이스북 · 블로그 · 카카오스토리채널 | [책속의 처세]
ISBN | 979-11-86151-28-0 (13320)

상상력과 참신한 열정이 담긴 원고를 보내주세요. 책으로 만들어 드립니다.
원고투고: ritec1@naver.com

* 이 도서의 국립중앙도서관 출판예정도서목록(CIP)은 서지정보유통지원시스템 홈페이지(http://seoji.nl.go.kr)와 국가자료종합목록 구축시스템(http://kolis-net.nl.go.kr)에서 이용하실 수 있습니다.(CIP제어번호 : CIP2019030423)